Verb (Tunwort) und **Konjugation** (Beugung)

Der **Infinitiv** ist die Grundform des Verbs. Er endet auf -**en**, selten auf -**n**:
geh**en** – pass**en** – klette**rn** – lächel**n**
Kürzt man die Infinitivform um ihre Endung -**en** oder -**n**, so erhält man den **Verbstamm**:
geh**en** → **geh-** pass**en** → **pass-** klette**rn** → **kletter-** lächel**n** → **lächel-**

1 Unterstreiche bei den folgenden Infinitiven jeweils den **Verbstamm**:

raschel (underlined)n – krachen – wimmern – frieren – stehen – sammeln – drücken

(Die Lösung findest du unter **1** im herausnehmbaren Lösungsteil nach Seite 44.)

Person und **Numerus**

Man spricht von **Konjugation** (Beugung), wenn an den **Verbstamm** eine **Personalendung** angehängt wird:

Ich such**e**.	1. Person	Singular (Einzahl)
Du such**st**.	2. Person	Singular
Er (sie, es) such**t**.	3. Person	Singular
Wir such**en**.	1. Person	Plural (Mehrzahl)
Ihr such**t**.	2. Person	Plural
Sie such**en**.	3. Person	Plural

2 Bestimme Person und Numerus.
(Verwende diese Abkürzungen: Person = P., Singular = Sg., Plural = Pl.)

ihr spielt	2. P./Pl.	du lügst	________
sie läuft	________	ich singe	________
wir verreisen	________	sie essen	________

(Die Lösung findest du unter **2** im herausnehmbaren Lösungsteil nach Seite 44.)

3 Bilde von jedem Infinitiv die angegebene Personalform der Gegenwart.

gehen	(2. Person Singular)	du gehst
schwimmen	(1. Person Plural)	
flattern	(3. Person Singular)	
verlieren	(3. Person Plural)	
gewinnen	(2. Person Plural)	
gratulieren	(1. Person Singular)	
lieben	(2. Person Singular)	
wandern	(1. Person Singular)	

(Lösung **3**)

Tempora (Zeitformen)

Präsens (Gegenwart)

Stehen **Verben** im **Präsens** (Gegenwart), so können sie mitteilen,

- was **jetzt** geschieht, was man jetzt denkt oder fühlt:

Es **regnet** und Ben **denkt**: „Ich **mag** Regentropfen am Fenster."

- was in der **Zukunft** geschehen wird, sofern dies aus dem Zusammenhang klar wird:

Ben: „**Morgen scheint** wieder die Sonne."

- was **immer gilt** oder **geschieht**:

Der Mond **dreht** sich um die Erde.

Die Zeiten Präsens, Präteritum, Perfekt und Futur I werden auch in unserer Hauschka-Lernhilfe Grammatik 214 behandelt.

4 Die folgenden Sätze stehen alle im Präsens. Einige teilen mit, was **jetzt** oder in **Zukunft** geschieht, einige, was **immer** gilt.

▸ Ordne die Nummern der Sätze in die Tabelle unten ein.

1. Paula liegt auf dem Sofa und lernt Latein.
2. Die Arbeit strengt sie heute besonders an.
3. Latein ist eine schwierige Sprache.
4. Morgen schreibt sie eine Schulaufgabe in Latein.
5. Paula konzentriert sich auf ihre Arbeit.
6. Für manche Berufe ist Latein wichtig.
7. Nach dem Abitur studiert sie mit Sicherheit Medizin.
8. Im Gegensatz zu früheren Zeiten haben Mädchen und Jungen heute in Ausbildung und Beruf die gleichen Chancen.

was jetzt geschieht:	was in Zukunft sein wird:	was immer gilt:
1,		

Präteritum (1. Vergangenheit)

Das **Präteritum** (1. Vergangenheit) verwendet man vor allem, wenn man schriftlich erzählt, was schon **vorbei** ist, was also früher geschah. Verben bilden das Präteritum auf zweierlei Weise:

regelmäßige Verben:	**unregelmäßige** Verben:
Der Regen **hörte** nicht mehr auf.	Endlich **schien** die Sonne wieder.
Ben **freute** sich auf die Sonne.	Die Wolkendecke **riss** auf.

5 Setze die Verben im Wortspeicher vom Präsens ins **Präteritum** und ordne sie in die Tabelle ein. Gib jeweils Person und Numerus an.

(Verwende diese Abkürzungen: Person = P., Singular = Sg., Plural = Pl.)

~~er sucht~~, ich laufe, wir rennen, ihr befehlt, sie spielt, sie essen, du packst, es gilt, sie kreischen, du magst, er pfeift, wir gehen, ich arbeite, du lachst, ich sehe, wir wählen, du rufst, ich klatsche

regelmäßige Verben		**unregelmäßige** Verben	
er suchte	3.P./Sg.		

Perfekt (2. Vergangenheit)

Das **Perfekt** (2. Vergangenheit) verwendet man,

- wenn man etwas **mündlich** erzählt, was schon vorbei ist.

Ich **bin** gestern mit dem Einrad **gestürzt**.

- wenn man etwas mitteilt, was zwar vergangen ist, aber noch einen **Bezug** zur **Gegenwart** hat.

Ich erinnere mich genau, wie mein Knie **geblutet hat**.

- wenn man etwas sagt, was in der **Zukunft vergangen** sein wird.

Bis ich wieder zu Hause bin, **ist** die Wunde **verheilt**.

Das **Perfekt** wird mit den Hilfsverben **haben** bzw. **sein** und dem **Partizip Perfekt** (siehe Seite 14) eines Verbs gebildet:

Laura **ist gestürzt**. Ihr Knie **hat geblutet**.

6 ▸ Unterstreiche jeweils das Perfekt.

▸ Ordne die Satznummern in die Tabelle ein.

1. Nach ihrem Urlaub erzählt Johanna ihrer Freundin Laura: „Wir haben in Alpbach gewohnt und sind auf die Berge gestiegen."
2. Johanna sucht das Bergdorf Alpbach in einem Atlas, den sie aus dem Bücherschrank geholt hat.
3. Die Mädchen haben den Ort bald gefunden und wissen jetzt genau, wo Alpbach liegt.
4. „Am Anfang fand ich das Bergwandern ziemlich anstrengend, aber nach und nach habe ich mich daran gewöhnt."
5. Bis zum nächsten Sommer haben die beiden viele Ferienerlebnisse schon wieder vergessen.
6. Aber wenn sie das Schuljahr geschafft haben, kommen wieder Ferien.

Vergangenes wird **mündlich** erzählt	Vergangenes hat einen **Bezug** zur **Gegenwart**	was in der **Zukunft** vergangen sein wird
1,		

Futur I (Zukunft)

Mit dem **Futur I** (Zukunft) teilt man mit, was **später** geschehen wird. Es wird mit dem Hilfsverb **werden** und dem Infinitiv des **Verbs** gebildet.

Eines Tages	**wird**	Laura als Lehrerin	**arbeiten**.
Auch andere	**werden**	diesen Beruf	**ergreifen**.
	Hilfsverb		Infinitiv des Verbs

7 Die Sätze sagen aus, was sich Laura für alle Frauen der Welt erhofft. Schreibe die eingeklammerten Verben im **Futur I** in die Lücken.

(besitzen):

Frauen **werden** einen gerechten Anteil am Einkommen **besitzen**.

(arbeiten):

Keine Frau ________ mehr unterbezahlt in Fabriken ______________ müssen.

(erhalten):

Wie die Männer ____________ auch Frauen Kredite ________________________.

(aufhören):

Die Misshandlung von Frauen in einigen Ländern ________________________.

(sein):

Verheiratete Frauen ____________ nicht mehr Besitz ihres Mannes ________.

(geben):

Es __________ keinen Handel mehr mit Frauen ___________________________.

Zwischentest 1 zur **Konjugation** von **Verben**

8 Ergänze die Tabelle.

Verb im Infinitiv	Person/Numerus	Tempus	Personalform
fliehen	1.P./Pl.	Präteritum	
			ich habe gebeten
kneifen	1.P./Sg.	Präteritum	
			er biss

9 Schreibe in die Klammern, um welche Zeitformen der Verben es sich jeweils handelt.

Noahs Freund **hat** ein neues Notebook **bekommen** (Perfekt).

Jetzt **will** (____________) auch Noah eines zum Geburtstag.

Vater: „In meiner Jugend **gab** (______________) es so etwas noch gar nicht. Trotzdem **ging** (______________) es mir gut."

Noah: „Klar, weil du nichts von Computern **wusstest** (______________)."

Vater: „Na und? Heute **weiß** (____________) ich es. In zehn Jahren **wird** es Dinge **geben** (____________), die wir noch nicht **kennen** (____________), und die wir auch nicht **vermissen** (____________)."

Noah: „Aber in zehn Jahren **brauchen** (____________) wir sie. Und ich **bin** (____________) mir sicher, zum Geburtstag **werde** ich ein Notebook **bekommen** (____________)."

Vater: „Das **hast** du **gesagt** (____________)."

10 Bestimme die folgenden **Verbformen** und finde jeweils den **Infinitiv**.

Personalform	Person/Numerus	Tempus	Infinitiv
ich bin gefallen	1. P./Sg.	Perfekt	fallen
sie helfen			
wir riefen			
du hast gewonnen			
ihr lügt			
sie wird anrufen			
er hat gesprochen			
ihr werdet verlieren			
ich zog			
sie sind gegangen			
du wirst lachen			

Plusquamperfekt (Vorvergangenheit)

Mit dem **Plusquamperfekt** teilt man mit, was zu einem bestimmten Zeitpunkt in der **Vergangenheit** (Präteritum) bereits **vergangen** ist.

Als Jonas **aufstand**, **waren** seine Eltern schon **gegangen**.
(ist bereits Vergangenheit, als Jonas aufstand)

Er **ging** zur Schule, nachdem er sein Müsli **aufgegessen hatte**.
Präteritum — Plusquamperfekt

Das Plusquamperfekt bildet man mit dem Präteritum der Hilfsverben **haben** oder **sein** sowie dem **Partizip Perfekt** (siehe Seite 14) eines Verbs.

11 Setze die eingeklammerten Verben ins **Plusquamperfekt**.

Ein mit Salz beladener Esel überquerte einen Fluss, dabei fiel er hin und blieb einige Augenblicke liegen. Nach einer Weile **(ausruhen)** hatte er sich ausgeruht und richtete sich wieder auf. Als er **(aufstehen)** ________________ ______, ging es ihm viel besser. Er wusste natürlich nicht, dass sich das Salz im Wasser **(auflösen)** ________________ __________. Der Esel **(vergessen)** ______ das „Wunder“ nicht ______________, als er am nächsten Tag wieder zum Fluss kam. Er wollte sich erneut die Erleichterung verschaffen, die er am Tag zuvor **(genießen)** ______________ __________. Also legte er sich gemütlich in den Fluss. Doch diesmal **(aufladen)** _________ ihm sein Herr Schwämme ________________. Sobald er sich ins Wasser **(legen)** __________ _________, saugten sich die Schwämme voll, und erst nach vielen Versuchen gelang es ihm mit letzter Kraft, das Ufer zu erreichen.

12 In der 1. Spalte der Tabelle stehen kurze Sätze in verschiedenen Zeiten.
Schreibe in die 2. Spalte, in welchem **Tempus** sie stehen.
In der 3. Spalte schreibst du jeden Satz im **Plusquamperfekt** auf.

Sätze	Tempus	Plusquamperfekt
Er schlief.	Präteritum	Er hatte geschlafen.
Du fällst.		
Es hat geklingelt.		
Ich schrieb.		

13 Die folgende Fabel erzählt im **Präteritum** eine vergangene Geschichte. Verwandle mit den eingeklammerten **Konjunktionen** die Sätze in Satzgefüge. Was in der Vergangenheit schon vorbei ist, muss im **Plusquamperfekt** stehen.

Zwei Frösche gingen auf Wanderschaft. **(weil)** Ihre Tümpel trockneten aus.

Zwei Frösche **gingen** auf Wanderschaft, weil ihre Tümpel **ausgetrocknet waren**.

Sie fanden eine Schüssel mit Milch. **(als)** Sie kamen zu einem Bauernhof.

(nachdem) Sie hüpften in die Schüssel. Sie ließen es sich schmecken.

Nachdem sie in

(sobald) Sie stillten ihren Durst. Sie wollten heraus, rutschten aber an der glatten Schüsselwand ab.

(nachdem) Sie bemühten sich lange. Sie wurden schwach und ein Frosch gab auf und ertrank in der Milch.

(da) Jedoch sein Partner strampelte unermüdlich weiter. Die Milch wurde langsam zu Butter.

(nachdem) Er spürte den ersten Butterbrocken. Er stieß sich ab und landete auf festem Boden.

Futur II (vollendete Zukunft)

1. Das **Futur II** setzt man ein, wenn eine Handlung (ein Vorgang) in der Zukunft **abgeschlossen** sein wird oder abgeschlossen sein **könnte**:

Eines Tages **wird** man den Krebs **besiegt haben**.
Hilfsverb + Partizip Perfekt + haben/sein

2. Das **Futur II** verwendet man, wenn man **vermutet**, dass eine Handlung (ein Vorgang) zum gegenwärtigen Zeitpunkt bereits **abgeschlossen** ist:

Mein Freund ist nicht gekommen, er **wird** den Zug **verpasst haben**.
Hilfsverb + Partizip Perfekt + haben/sein

14 Schreibe folgende Sätze im **Futur II** auf.

In Zukunft übernehmen Roboter viele Arbeiten.

In Zukunft ersetzen selbstfahrende Autos den Fahrer.

15 Schreibe immer nur den **zweiten** Satz im **Futur II** auf.

Die Reise findet nicht statt. Es haben sich zu wenig Interessenten gemeldet.

Es **werden** sich zu wenig Interessenten **gemeldet haben**.

Die Leute sind zu Hause geblieben. Das Wetter ist zu kalt.

Sie hat die Äpfel nicht gekauft. Sie sind noch nicht reif genug.

Er hat nur wenig gegessen. Er hat keinen Hunger.

Zwischentest 2 zur Konjugation von Verben

16 Setze jeweils das **Plusquamperfekt** bzw. das **Präteritum** richtig ein.

Lena (**bestehen**) ____________ die Abschlussprüfung, weil sie sich gut (**vorbereiten**) ______________________. Als ihr Vater das Zeugnis (**lesen**) ______________________, (**gratulieren**) __________________ er ihr.
Nachdem Lena die Realschule (**beenden**) ______________________, (**machen**) ______________ sie sich Gedanken über ihren weiteren Ausbildungsweg. Sie (**entscheiden**) __________________ sich für den Besuch der Fachoberschule, weil ihr Zeugnis gut (**ausfallen**) __________________. Sie (**stellen**) _______________ schon Überlegungen über ihren zukünftigen Beruf an. Als sie einmal (**stürzen**) ____________________, (**bekommen**) _______________ sie bei einem Physiotherapeuten krankengymnastische Übungen. „Dieser Beruf würde mich interessieren", (**denken**) ___________ Lena.

17 Schreibe die Sätze im **Futur II** auf.

Lena stellt sich vor: In zwei Wochen beende ich endlich das Schuljahr.

In zwei Wochen **werde** ich das Schuljahr endlich beendet **haben**.

In drei Wochen komme ich mit meinen Eltern am Meer an.

____

____

Nach den Ferien vergesse ich den Prüfungsstress.

____

____

Partizipien (Mittelwörter)

1. **Partizip Präsens** (Mittelwort der Gegenwart)

Das **Partizip Präsens (Partizip I)** wird aus dem Verb**stamm** und der Endung -**end**/-**nd** gebildet:

singend, lachend, wimmernd, wechselnd

Das **Partizip Präsens** wird oft wie ein **Adjektiv** verwendet.

Ein **singendes** Kind kam die Treppe herauf.
Ein Kind kam **singend** die Treppe herauf.

18 Schreibe jeweils die Verben im **Partizip Präsens** auf.

Ein Kind, das spielt, ist ein **spielendes** Kind.

Ein Rabe, der krächzt, ist ein ______________________ Rabe.

Ein Hund, der auf mich zukommt, ist ein auf mich ______________ Hund.

Ein Mädchen, das musiziert, ist ein ______________________ Mädchen.

Ein Junge, der liest, ist ein ______________________ Junge.

2. **Partizip Perfekt** (Mittelwort der Vergangenheit)

Das **Partizip Perfekt (Partizip II)** wird aus dem Verbstamm gebildet:

bei regelmäßigen Verben		**bei unregelmäßigen Verben**	
mit Vorsilbe **ge**- + Stamm + Endung -**t** bzw. nur Stamm + Endung -**t**		mit Vorsilbe **ge**- + (veränderter) Stamm + Endung -**en** bzw. nur Stamm + Endung -**en**	
loben	→ **gelobt**	schieben	→ **geschoben**
lieben	→ **geliebt**	singen	→ **gesungen**
reden	→ **geredet**	vorsingen	→ vor**gesungen**
verloben	→ verlob**t**	übersehen	→ überseh**en**

19 Verwandle jeweils das Verb im **Infinitiv** ins **Partizip Perfekt**.

essen	gegessen	fahren	______
besuchen	______	rennen	______
laufen	______	verstecken	______
bitten	______	schwimmen	______
schleichen	______	versuchen	______

Mit Hilfe des Partizip Perfekts werden **zusammengesetzte Zeitformen** sowie sämtliche Formen des **Passivs** (siehe Seite 19) gebildet:

Perfekt:	Zuletzt hat der Chor ein schönes Lied **gesungen**.
Plusquamperfekt:	Die Sänger hatten sich vorher schon **verabschiedet**.
Futur II:	Bald werden sie ihre Tournee **abgeschlossen** haben.
Passiv:	Der Chor wird von einer Frau **geleitet**.

20 ▸ Unterstreiche im folgenden Text das Partizip Perfekt weitere 5-mal.

Bald wird die langweilige Unterrichtsstunde beendet sein. Ein Schüler ist aber doch eingeschlafen. Als es der Lehrer bemerkt und ihn geweckt hatte, sagte er: „Ich habe mir erlaubt, dich zu stören. Ich kann mir nicht vorstellen, dass dies der richtige Platz zum Schlafen ist." „Ach, es geht so, Sie müssen nur etwas leiser sprechen", sagte der Schüler, als er seine Augen geöffnet hatte.

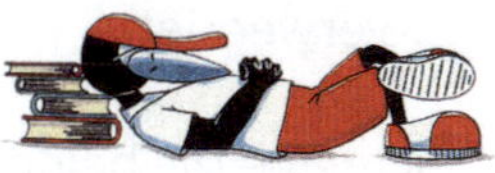

▸ Schreibe jetzt das **Partizip Perfekt** jeweils im **Infinitiv** auf.

beenden – ______________________________

____

Auch das **Partizip Perfekt** wird häufig wie ein **Adjektiv** verwendet:

das **geöffnete** Fenster, das **verschwundene** Schmuckstück

21 ▸ Forme die Verben im Wortspeicher jeweils ins **Partizip Perfekt** um und setze sie passend in die Lücken vor die Nomen.

verfassen – ~~schätzen~~ – beenden – gelingen – bewundern – einsetzen

Der berühmte und geschätzte Dichter Heinrich Heine saß mit einem Bekannten beim Mittagessen. Nach ______________ Mahlzeit fragte dieser den ______________ Schriftsteller, womit er sich denn am Vormittag beschäftigt habe. Heine antwortete: „Ich las ein gestern ______________ Gedicht und fügte an einer Stelle ein Komma ein." Am späten Abend waren die beiden wieder beim Essen zusammen. „Und was haben Sie heute Nachmittag gemacht?" Die Antwort kam prompt: „Ich las das für mich noch immer nicht ______________ Gedicht durch und strich das ______________ Komma, weil es überflüssig ist."

▸ Darüber hinaus findest du im Text noch zweimal ein Partizip Perfekt. In diesen zwei Fällen wird es allerdings nicht wie ein Adjektiv verwendet.

Schreibe die beiden Wörter auf:

____

____

Aktiv und **Passiv**

Sätze im **Aktiv**: Eine Handlung geht von einer **Person** oder **Sache** (= Handlungsträger) aus. Der Handlungsträger ist zugleich **Subjekt**.

Der Spielleiter erklärt eine Regel.
Handlungsträger Handlung Objekt

Sätze im **Passiv**: Der Handlungsträger ist **nie** zugleich **Subjekt**.

Die Regel wird vom **Spielleiter erklärt**.
Subjekt Handlungsträger Handlung

Das Passiv wird mit einer Personalform von **werden** und einem **Partizip Perfekt** (z. B. erklärt) gebildet.

22 ▸ Unterstreiche bei der folgenden Spielanleitung in jedem Satz das Subjekt blau und das Prädikat rot.

1. Alle Teilnehmer schreiben ihre Namen auf einen Zettel.
2. Die Zettel werden vom Spielleiter eingesammelt.
3. Jeder Mitspieler zieht einen Namen.
4. Er erzählt etwas über „sich", d. h. in Wirklichkeit über denjenigen,
5. dessen Namen er gezogen hat.
6. Dieser Name soll von den anderen Mitspielern erraten werden.

▸ In vier Sätzen ist der Handlungsträger, also derjenige, der etwas **tut**, zugleich Subjekt.

Es handelt sich um die Sätze Nummer ___, ___, ___, ___.

23 Schreibe die Sätze im **Aktiv** bzw. im **Passiv** in die Lücken.

Aktiv	Passiv
Der Spielleiter **bestimmt** zwei Kinder als Katze bzw. als Maus.	Zwei Kinder **werden** vom Spielleiter als Katze bzw. als Maus **bestimmt**.
	Von der restlichen Gruppe wird ein großer Kreis gebildet.
Die Mitspieler lassen die Arme hängen.	
	Die Maus wird nun von der Katze verfolgt.
Die Maus benützt als Fluchtweg die Lücke zwischen zwei Spielern.	
	Die Lücke wird von den Spielern durch Händefassen für die Katze geschlossen.
Die Maus sucht sich ein offenes „Schlupfloch".	

Die Maus hat gewonnen, wenn sie die letzte freie Lücke schafft.

Das Passiv kann wie das **Aktiv** in allen **Tempusformen** (Zeitstufen) gebildet werden. Hier sind die wichtigsten:		
Tempus	**Aktiv**	**Passiv**
Präsens	Rosa **küsst** Max.	Max **wird** von Rosa **geküsst**.
Perfekt	Rosa **hat** Max **geküsst**.	Max **ist** von Rosa **geküsst worden**.
Präteritum	Rosa **küsste** Max.	Max **wurde** von Rosa **geküsst**.
Futur I	Rosa **wird** Max **küssen**.	Max **wird** von Rosa **geküsst werden**.

24 Fülle mit Hilfe der 1. und 2. Spalte auch die **3.** und **4.** Spalte aus.

Tempus	**Infinitiv**	**Aktiv**	**Passiv**
Präsens	der Arzt / **trösten** / Tim	Der Arzt **tröstet** Tim.	Tim **wird** vom Arzt **getröstet**.
Perfekt	Du / sehen / dein Freund	Du	Dein Freund
Präteritum	Wir / proben / das Lied	Wir	Das Lied
Präsens	Lea / suchen / Lukas		
Futur I	Ihr / prüfen / die Schüler		
Perfekt	Ich / schießen / das Tor		

Zwischentest zu Partizipien, Aktiv/Passiv

25 Ergänze die Tabelle.

Infinitiv	Partizip Präsens	Partizip Perfekt
	streitend	
		gezogen
	liegend	
beschreiben		
		geflossen
passen		
	springend	
		gerannt

26 Unterstreiche Sätze, die im Aktiv stehen, schwarz, Sätze im Passiv rot.

Der Spielleiter sucht aus den Teilnehmern fünf Personen heraus. Eine Person wird zum Spieler, vier weitere werden zu Helfern ernannt. Die Helfer stellen sich nebeneinander auf. Nun merkt sich der Spieler innerhalb einer Minute die Namen der Helfer. Er prägt sie sich zusätzlich durch Abtasten ein. Nun wird ihm vom Spielleiter eine Augenbinde aufgesetzt. Die Helfer werden in einer anderen Reihenfolge aufgestellt. Der Spieler versucht, die Helfer zu ertasten.

27 Schreibe die Sätze im **Passiv** auf den Block.

Gestern besiegte der SV Lisa den FC Lukas mit 1:0. Großartig, wie Lisa die Abwehrspieler des FC Lukas ausschaltete. Diese Mannschaft fand einfach kein Mittel gegen Lisas Ballkünste. Kurz vor Schluss schoss Lisa den Ball ins Tor.

Konjunktion (Bindewort)

Es gibt nebenordnende und unterordnende **Konjunktionen**.
Nebenordnende Konjunktionen sind z. B. **und**, **oder**, **aber**, **entweder – oder**. Verbinden sie Hauptsätze, so bleibt deren Wortstellung unverändert, d. h., ihre **Prädikate** stehen immer an **zweiter** Stelle.

Tim **geht** zu Jonas, **denn** der **besitzt** eine Modelleisenbahn.

Entweder spielen die beiden, **oder** sie **basteln** einen Bahnhof.
(Hauptsatz) (Hauptsatz)

28 Füge folgende **nebenordnende** Konjunktionen in die Sätze ein:

doch denn entweder – oder sondern ~~aber~~

Tim spielt gerne Modelleisenbahn, aber er liebt auch das Fußballspielen. Nachmittags geht er auf den Bolzplatz, ________ dort trifft er seine Freunde. Er surft zwar oft im Internet, ________ Sport geht ihm über alles. Tim spielt nicht nur gerne Fußball, ________ er spielt auch gut. ________ tritt er eines Tages einem Fußballverein bei, ________ er trainiert in einem Schwimmverein.

Diese Aufgaben übernehmen **nebenordnende** Konjunktionen:	
1. Sie **reihen** Sätze **aneinander**,	→ Tim spielt Eisenbahn **und** Nadia übt Klavier.
2. leiten **Begründungen** ein,	→ Nadia übt viel, **denn** sie liebt Musik.
3. drücken **Alternativen** aus,	→ Soll Tim Züge fahren lassen **oder** ein defektes Gleis reparieren?
4. **setzen** etwas **entgegen**.	→ Reparieren kostet Zeit, **aber** es ist wichtig.

29 Lies zuerst die folgenden Sätze.

1. Tim mag Modelleisenbahnen und er fährt auch gerne mit dem echten Zug.
2. Jonas geht ins Museum, denn er interessiert sich für historische Eisenbahnen.
3. Vor ihm steht eine „Adler-Lokomotive“ oder ist es die „Rocket“?
4. Jonas hält sie für die „Rocket“, doch es ist keine von beiden.

▶ Ergänze:

Etwas **begründet** wird im ___ Satz.

Die Konjunktion heißt: ____________________.

Etwas **entgegengesetzt** wird im ___ Satz.

Die Konjunktion heißt: ____________________.

Zwei Möglichkeiten werden vorgestellt im ___ Satz.

Die Konjunktion heißt: ____________________.

Aneinandergereiht wird im ___ Satz.

Die Konjunktion heißt: ____________________.

Unterordnende Konjunktionen sind z. B. **während**, **als**, **weil**, **dass**. Sie leiten jeweils einen **Nebensatz** ein und verbinden ihn mit dem dazugehörigen Hauptsatz. Im Nebensatz ändert sich dabei die Stellung der Satzglieder. Das **Prädikat** steht am **Schluss**.

Nadia übt Klavier, **weil** Tim und Jonas alleine **spielen wollen**.

Hauptsatz — Nebensatz

30 ▸ Füge die folgenden **unterordnenden** Konjunktionen in die Sätze ein.

dass	während	weil	als

Die ersten Eisenbahnen machten den Menschen Angst, ______ sie so schnell fuhren. ______ sich der erste Zug von Nürnberg nach Fürth in Bewegung setzte, wurden Kanonenschüsse abgefeuert. Vom Maschinenmeister, der das Feuer schürte, dachte man, ______ er der Teufel persönlich sei. Die 200 geladenen Fahrgäste genossen die Fahrt, __________ ihnen unzählige Neugierige zuwinkten.

▸ Unterstreiche in jedem **Nebensatz** das Prädikat.

Unterordnende Konjunktionen heißen …	
1. **temporal**, wenn sie ein **Zeitverhältnis** angeben.	→ **Nachdem** (als, sobald, sowie) er gegessen hatte, spielte Jonas Eisenbahn.
2. **kausal**, wenn sie etwas **begründen**.	→ **Weil** (da) sie Klavier spielen wollte, blieb Nadia zu Hause.
3. **modal**, wenn sie die **Umstände** eines Geschehens bezeichnen.	→ Sie lernt neue Stücke, **indem** sie sich zuerst die schwierigen Stellen vornimmt.
4. **final**, wenn sie einen **Zweck** angeben.	→ Nadia will üben, **damit** sie Beethovens „Für Elise" spielen kann.
5. **konditional**, wenn sie eine Bedingung **nennen**.	→ **Wenn** (falls, sofern) sie nicht gestört wird, übt sie gerne.

31 Lies zuerst die folgenden Sätze.

1. Jonas wünscht sich einen Ausflug mit dem Dampfzug, sobald es warm wird.
2. Falls er im Mai stattfindet, werden auch Tim und seine Eltern mitkommen.
3. Die beiden Familien unternehmen viel zusammen, weil sie sich mögen.
4. Ausflüge sind gute Gelegenheiten, um Freundschaften zu erhalten.
5. Man lernt sich besser kennen, indem man etwas unternimmt.

▸ Trage passend zur linken Spalte die Nummern der Sätze und ihre jeweiligen Konjunktionen richtig ein.

Art der Konjunktion	Satznummer	Konjunktion
kausal (Grund)		
temporal (Zeitverhältnis)		
final (Zweck)		
konditional (Bedingung)		
modal (Umstände)		

32 Setze zwei **kausale** und zwei **temporale** Konjunktionen ein.

________ im Mai meist schlechtes Wetter war, fand der Ausflug mit der historischen Kandertalbahn erst im Juni statt. ____________ die Väter die Karten kauften, bestaunten die Kinder die Dampflok von 1915. Tims Vater kaufte ein Buch über die Geschichte dieses Museumszuges, ___________ Tim sich gründlich informieren wollte. Endlich setzte sich der Zug in Bewegung. _________ sie die herrliche Schwarzwaldlandschaft sahen, staunten sie.

33 Setze zwei **finale** und zwei **modale** Konjunktionen ein.

Vor den Bahnübergängen läutete und pfiff die „Bimmelbahn", ________ auf ihr Herannahen aufmerksam ________ machen. Die Zeit verging wie im Fluge, ________ ________ sich die Kinder auch nur einmal gelangweilt hätten. Zum langen Sitzen verschafften sich alle einen Ausgleich, ________ sie in Kandern einen Spaziergang machten. Dort gibt es den August-Macke-Rundweg, ________ die Besucher sich an den berühmten Maler erinnern.

34 Setze zwei **konditionale** und eine **kausale** Konjunktion ein.

Der berühmte Künstler war zum Malen immer wieder in die Stadt gekommen, ________ sie ihm so gut gefiel. Jonas wollte nur wieder nach Hause fahren, ________ er vorher ein Eis bekäme. Dagegen hatte niemand etwas, ________ es eine gute Eisdiele gäbe.

Zwischentest zu den **Konjunktionen**

35 ▸ Unterstreiche weitere **3** nebenordnende Konjunktionen rot, weitere **5** unterordnende Konjunktionen schwarz.

Heute bin ich früher aufgestanden, weil ich gestern schon früh ins Bett gefallen bin. Papa hat Holz nachgelegt, damit es in unserer Wohnung warm wird. Wenn ich aus dem Fenster sehe, zeigt sich mir eine tief verschneite Winterlandschaft. Heute fahren wir mit der Schmalspurbahn auf den Brocken, aber erst muss die Sonne durchkommen. Während ich dies schreibe, sehe ich schon die ersten Sonnenstrahlen. Wir werden sicher bald aufbrechen.

Ich bin wieder zurück und schreibe nun weiter. Die Fahrt mit der Bahn war aufregend, da man eine alte Dampflok nicht alle Tage sieht. Sie erreicht den Bahnhof Brocken in 1125 m Höhe, indem sie den Berg in einer Spirale eineinhalbmal umrundet. Auf dem Gipfel bot sich uns ein herrlicher Blick, jedoch ein eisiger Wind hielt uns von einem Spaziergang ab. Eine Fahrt mit der Brockenbahn kann ich jedem empfehlen, denn sie ist ein einmaliges Erlebnis.

▸ Trage die **nebenordnenden** Konjunktionen richtig ein.

aneinanderreihend	begründend	entgegensetzend
		aber

▸ Schreibe die **unterordnenden** Konjunktionen richtig in die Tabelle.

Zeit (temporal)	**Grund** (kausal)	**Zweck** (final)	**Bedingung** (konditional)	**Art u. Weise** (modal)
	weil			

Adjektiv (Wiewort)

Adjektive (Wiewörter) geben häufig die **Eigenschaften** von **Nomen** an. Man spricht in diesem Fall von **attributivem Gebrauch**.

ein **schönes Kind** – mein **lieber Papa** – **guten Appetit** – **frohe Ostern**

Mehr zur Wortart Adjektiv findest du in unserer Hauschka-Lernhilfe Grammatik 214.

36 Unterstreiche weitere **6** Adjektive.

Der kleine Marc verbringt eine unruhige Nacht. Am frühen Morgen, wenn noch finstere Nacht ist, muss er schon aufstehen, sich von seiner lieben Mama verabschieden und mit Papa zum nahen Flughafen fahren. Das Flugzeug erwartet ihn schon und der Flug wird sicher ein großes Ereignis.

Wenn **Adjektive** ein **Verb** näher charakterisieren, spricht man von **adverbialem Gebrauch**. In diesem Fall werden sie nicht dekliniert:

Lisa **übte lange**. Sie **spielte schön**. Sie **antwortete nett** auf meine Karte.

37 Unterstreiche nur Adjektive, die mit einem **Verb** verbunden sind. Unterstreiche das Verb rot.

Die Fahrt zum Flughafen dauert endlos, jedenfalls für Marc. Der freundliche Taxifahrer fährt langsam, weil dichter Verkehr ist. Geduldig erzählt Papa eine lustige Geschichte nach der anderen. Am Flughafen atmet Marc glücklich auf.

Adjektive lassen sich auch mit **Hilfsverben** verbinden. Sie werden dabei zum Bestandteil des **Prädikats**. Man spricht von **prädikativem Gebrauch**. Auch in diesem Fall werden sie **nicht** dekliniert:

Der Tag **wird schön**. Das schlechte Wetter **war scheußlich**.

38 Unterstreiche nur Adjektive, die **prädikativ** gebraucht werden. Unterstreiche das Hilfsverb rot.

Beim Einchecken sagt eine Frau zu Marc: „Du bist noch schläfrig." Marc: „Ich war müde, aber nun nicht mehr." Papa: „Der ist jetzt hellwach." „Stimmt, ich bin fit", fügt Marc hinzu. „Du bist aber tüchtig", bewundert ihn die Frau.

39 ▸ Unterstreiche weitere **8** Adjektive.

▸ Ordne alle Adjektive richtig in die **Tabelle** ein.

Der Flug wird interessant für Marc. Die Landschaft verschwindet unter einer dichten Wolkendecke. „Schau, Papa, wir fliegen hoch über den Wolken!" Marc ist froh, dass er sicher bei seinem Papa sitzt. Die alte Dame neben ihm teilt seine unüberhörbare Begeisterung nicht immer, denn sie hätte gerne ein wenig geschlafen. Trotzdem holt sie freundlich einen Schokoriegel aus ihrer Tasche hervor und schenkt ihn Marc. Der Flug war schön.

attributiv gebraucht	adverbial gebraucht	prädikativ gebraucht

Adjektive können **Eigenschaften** von weiteren **Adjektiven** angeben:

Es blies ein **kalter** Wind.	Sie hörte **laute** Musik.
+ das Adjektiv **eisig**	+ das Adjektiv **schrecklich**
Es blies ein **eisig kalter** Wind.	Sie hörte **schrecklich laute** Musik.

Beachte: Das jeweils **erste Adjektiv** wird nicht dekliniert.

40 Ordne die Adjektive im Wortspeicher passend darunter ein.

schmerzhaft – gefährlich – unglaublich – ~~selten~~ – unerträglich – erfreulich

ein <u>selten</u>	heißer Sommer	ein ____________	lauter Knall
ein ____________	gutes Zeugnis	ein ____________	hohes Tempo
die ____________	schwüle Luft	eine ____________	verrückte Idee

41 Ergänze die **Deklinationsendungen** der Adjektive. Unterstreiche **3** weitere Adjektive, die ebenfalls Eigenschaften von Adjektiven angeben.

Nach einer deutlich unsanft**en** Landung steigt Marc mit sichtbar weich___ Knien aus. Im Flughafen kann man in schön___ Geschäften einkaufen. In den fein___ Restaurants sitzen gut gekleidet___ Menschen, denen man ansieht, dass sie auf groß___ Fuße leben. Marc kann die Münzen in seiner klein___ Börse mit einem einzig___ Blick erfassen. Trotz gut___ Gründe, sein bescheiden___ Taschengeld zu sparen, will er mit einem nett___ Geschenk seiner so bewundernswert lieb___ Mama eine klein___ Freude machen.

Adverb (Umstandswort)

Adverbien (Umstandswörter) bezeichnen **Umstände** näher, unter denen etwas geschieht:

Kommissar Blümel ging ans Telefon und hob den Hörer ab.
→ **keine** Angabe besonderer Umstände

Kommissar Blümel ging **sofort** ans Telefon und hob den Hörer ab.
→ Hier erfahren wir etwas über die **Art und Weise**, wie er ans Telefon ging.

Adverbien gehören zu den **Partikeln** und können daher im Gegensatz zu **Adjektiven** nicht dekliniert (= gebeugt) werden.

42 Unterstreiche weitere **9** Adverbien.

Eine verschlossene Haustür, aber kein Schlüssel: Das ist äußerst ärgerlich. Blümel durchsucht seine Taschen. Endlich findet er den Schlüssel. Blümel sperrt die Tür auf. Schon klingelt das Telefon. Blümel hatte den Anruf längst erwartet. Als er abhob, meldete sich keiner. Blümel war einigermaßen sprachlos, nein, er war völlig sprachlos, denn da war jemand in der Leitung. Blümel hörte sogar seinen Atem. Und dieser Jemand in der Leitung schwieg. Jeder wird verstehen, dass Blümel allmählich die Geduld verlor. „Melden Sie sich endlich!" Schließlich legte Blümel auf.

Es gibt **verschiedene** Umstände, die durch Adverbien bezeichnet werden:		
Umstände	**Fragewörter**	**Beispielsätze**
des **Ortes** (Lokaladverbien)	wo? woher? wohin?	Keiner war **da**, als Blümel zum Tatort kam. Ein eisiger Wind kam von **vorne**. Eigentlich wollte der Kommissar wieder **heim**.
der **Zeit** (Temporaladverbien)	wann? wie lange? wie oft?	**Bald** wird der erste Schnee fallen, dachte er. Es hat ja auch **immerfort** geregnet. **Manchmal** mag Blümel seine Arbeit nicht.
der **Art** und **Weise** (Modaladverbien)	wie? auf welche Art?	Er wäre **gerne** Lehrer geworden. Sein Beruf hat ihn **sehr** angestrengt.
der **Begründung** (Kausaladverbien)	warum? weshalb?	Aber Blümel ist ein schlauer Polizist, **deswegen** ist er unersetzbar.

43 Adjektive kann man fast immer **steigern**, Adverbien in der Regel **nicht**. In der Tabelle stehen einige Adverbien, die eine Ausnahme bilden. Ergänze!

Positiv (Grundform)	**Komparativ** (Höherstufe)	**Superlativ** (Höchststufe)
oft		
		am wenigsten
	wohler	
		am ehesten
gern		
	mehr	

44 ▸ Unterstreiche weitere **8** Adverbien des Textes.

▸ Ordne sie richtig in die Tabelle unten ein.

Hauptkommissar Blümel befasst sich wieder mit den Problemen, die ihm Jeremias Hosenknopf, der ausgefuchste Trickdieb, bereitet. Er kombiniert: „Zuerst muss sich Jeremias hier in dem abgestellten Güterzug auf Gleis 7 versteckt haben. Als er uns kommen hörte, wird er kurzerhand auf den abfahrenden Güterzug von Gleis 8 gesprungen sein; deswegen war er wie vom Erdboden verschluckt. Verflixt!“ Hauptkommissar Blümel telefoniert sofort mit den Kollegen in Bremen: „Durchsucht den Güterzug Nr. 2156. Der Jeremias ist drinnen. Wir haben uns umsonst bemüht; seht, dass ihr ihn irgendwo schnappt! Servus.“

lokal wo? woher? wohin? (Ort)	**temporal** wann? wie lange? wie oft? (Zeit)	**modal** wie? auf welche Art? (Art und Weise)	**kausal** warum? weshalb? (Begründung)
	wieder		

Adjektive und **Adverbien** unterscheiden

1. **Adjektive** lassen sich als **Attribut** (siehe S. 27) mit **Nomen** verbinden und erhalten dabei eine Deklinationsendung:

Der **starke Schneefall** erschwerte Blümels **neue Ermittlungen** kolossal.

2. Adverbien können **nie** als Attribut vor einem **Nomen** stehen. Selten stehen sie nach ihm, jedoch immer **ohne** Deklinationsendung:

Der ~~draußen~~ **Schneefall** war stark. Der **Schneefall draußen** war stark.

3. Fast alle **Adjektive** kann man **steigern**, Adverbien in der Regel **nicht**:

Der Regen war **stark**, später **stärker**, am Abend am **stärksten**.

45 Suche im Wortspeicher **passende Adjektive** und füge sie unten ein. Schreibe in die Zeile darunter die **Steigerungsformen** dieser Adjektive.

genau – sehr – vielleicht – darunter – immer – ~~umfangreich~~ – oben – hartnäckig – manchmal – verblüffend

eine umfangreiche Untersuchung des Falls

umfangreich, umfangreicher, am umfangreichsten

die ____________ Auskünfte eines Zeugen

____

das ____________ Leugnen des Angeklagten

____

die ____________ Lösung des Falls

____

Zwischentest zum **Adjektiv** und **Adverb**

46 ▸ Unterstreiche weitere **17** Adverbien rot. Ordne sie in die Tabelle ein.

▸ Unterstreiche noch weitere **10** Adjektive grün.

Enkel Moritz übernachtet bei Blümel, der heute einen freien Abend hat. „Komm herein", sagt Blümel, „das soll ein schöner Abend werden. Deshalb habe ich leckere Sachen eingekauft. Aber zuerst hole ich uns einen sehr guten Fruchtsaft." Gern trinkt Moritz ein ganzes Glas. Danach serviert ihm Blümel einen Teller Spaghetti mit einer überaus leckeren Tomatensoße. Blümel hat freundlicherweise Süßes nicht vergessen und als beide zuletzt satt sind, holt Blümel die Geschichte von Mi-ta-ha-sa, dem Indianerhäuptling. Der kann noch nicht in die ewigen Jagdgründe eingehen, weil er vorher den Schurken Jack Rance erledigen muss. Moritz macht es sich bequem. Er macht es sich umsonst gemütlich, weil jetzt das Telefon läutet. Einmal kann das Telefon ja läuten, aber nicht öfter, deswegen versteckt Moritz es irgendwo unter einem großen Sofakissen und Blümel kann in Ruhe mit seiner Geschichte beginnen.

lokal wo? woher? wohin?	**temporal** wann? wie lange? wie oft?	**modal** wie? auf welche Art?	**kausal** warum? weshalb?
	heute,		

Präposition (Verhältniswort)

Präpositionen gehen in der Regel einem **Nomen** (oder **Pronomen**) voraus, auf das sie sich **beziehen**:

Der Autofahrer hielt nicht **vor** dem **Stoppschild**.

Ich habe mich **über** **ihn** geärgert.

Präpositionen können **nicht** verändert werden. Solche Wortarten nennt man **Partikel**. Präpositionen verschmelzen manchmal mit einem **Artikel**:

an	+	**dem**	=	**am**	bei	+	**dem**	=	**beim**
Präp.	+	Artikel			Präp.	+	Artikel		

Er hatte mich **am** Weiterfahren gehindert.

47 Unterstreiche weitere **9** Präpositionen.

Vor unserer Schule steht eine Ampel. An der Ampel warten Leute. Unter ihnen ist auch ein Hund. Das Tier scheint ohne Begleiter zu sein. Jetzt schaltet die Ampel auf Grün. Der Hund läuft mit den Leuten. Er ist noch nicht in der Straßenmitte, da schaltet die Ampel auf Rot. Im selben Augenblick dreht der Hund seinen Kopf und kehrt um. Kennt das Tier die Bedeutung von Lichtzeichen?

48 Bilde Sätze und unterstreiche in jedem Satz die Präposition (Block).

eine alte Frau – ich – helfen – die Straße – über
für – sie – sich bedanken – meine Hilfe – freundlich
gehen – zurück – auf – ich – die andere Straßenseite
ein Auto – mich – auf – brausen – zu
ich – vor – stehenbleiben – Schreck

Schreibe so: Ich helfe einer alten Frau über die Straße.

Präpositionen drücken **Beziehungen** (Verhältnisse) aus:

Das **Auto** hält **vor** der **Ampel**.

Das Wort **vor** sagt, dass das Auto **vor** und nicht **hinter** oder **neben** der Ampel hält. Es gibt ein **räumliches**, d. h. **lokales** Verhältnis an. Präpositionen bezeichnen verschiedene Beziehungen:

Art der **Beziehung** und **Fragewort**	**Beispiel**	**ähnliche Präpositionen**
lokal (Ort): wo?	Panne **auf** der Autobahn	unter, vor, in
temporal (Zeit): wann?	**vor** einer Stunde	seit, während
kausal (Grund): warum?	**aufgrund** einer Reifenpanne	wegen, infolge
modal (Art u. Weise): wie?	Radwechsel **ohne** Probleme	außer, mitsamt

49 Unterstreiche im Text weitere **6** Präpositionen und ordne alle ihrer Zugehörigkeit entsprechend in die folgende Tabelle ein.

Kindern unter acht Jahren ist das Radfahren auf der Straße aufgrund der Straßenverkehrsordnung nicht gestattet. Sie benützen den Gehweg neben der Straße, wo sie sich ohne Gefahren fortbewegen können. Wegen der Fußgänger darf nur mit geringem Tempo gefahren werden.

lokal	**temporal**	**kausal**	**modal**

Eine Wortgruppe, die mit einer **Präposition** beginnt und mit einem **Nomen** endet, heißt **Präpositionalgefüge** (Verhältniswortgefüge):

Die **Präposition** bezieht sich auf das **Nomen**:

Wegen des gefährlichen Straßenverkehrs gibt es Gehwege.
Präpositionalgefüge

Radfahrer dürfen **auf ausgeschilderten Gehsteigen** fahren.
Präpositionalgefüge

Die von Präposition und Nomen **eingeschlossenen Wörter** gehören zum jeweiligen Präpositionalgefüge.

50
- Schreibe ausschließlich **temporale** Präpositionen aus dem Wortspeicher passend in die Lücken.
- Unterstreiche die dadurch entstandenen Präpositionalgefüge.

zwischen – an – hinter – außerhalb – ~~während~~ – außer – nach – wegen – in

Radfahrer sind gefährdet. Während des Berufsverkehrs sollte nur fahren, wer unbedingt muss. Am besten fährt man __________ der Stoßzeiten. Eine günstige Zeit ist __________ 10 und 16 Uhr. Angenehm ist es auch __________ 19 Uhr, besonders ______ langen Sommertagen, wenn es hell ist.

Hier kannst du nochmal die Fälle des Nomens wiederholen:

Mit Hilfe von bestimmten Fragen kann man herausfinden, in welchem **Kasus** (Fall) ein **Nomen** steht.

Der Radfahrer fährt ohne Licht.

Frage: **Wer oder was** fährt ohne Licht?
Antwort: der Radfahrer → **Nominativ** (1. Fall)

Das Licht **des Radfahrers** ist defekt.

Frage: **Wessen** Licht ist defekt?
Antwort: (das Licht) des Radfahrers → **Genitiv** (2. Fall)

Ein Polizist erteilt **dem Radfahrer** eine Verwarnung.

Frage: **Wem** erteilt der Polizist eine Verwarnung?
Antwort: dem Radfahrer → **Dativ** (3. Fall)

Er lässt **den Radfahrer** nicht mehr weiterfahren.

Frage: **Wen oder was** lässt er nicht mehr weiterfahren?
Antwort: den Radfahrer → **Akkusativ** (4. Fall)

51 Lies diese lustige Geschichte über Karl Valentin:

Valentin fährt gemütlich auf seinem Fahrrad. Er fährt allerdings, wo er nicht fahren sollte: zwischen den Straßenbahngleisen. Schon kommt die Straßenbahn. Das Klingeln des Fahrers stört Valentin nicht. Er bleibt auf seiner Spur. Der Fahrer öffnet das Fenster und schreit: „Können Sie nicht ausweichen?" Darauf Valentin: „Ich schon."

- Schreibe auf, in welchen Fällen die unterstrichenen Nomen aus dem Text stehen.

Nomen	Fall
Valentin:	
Straßenbahngleisen:	
Fahrers:	
Spur:	

Nomen	Fall
Fahrrad:	
Straßenbahn:	
Valentin:	
Fenster:	

Die **Präposition** bestimmt jeweils den **Kasus** (Fall) ihres Bezugswortes.

Wegen des **Straßenverkehrs** dürfen Kinder **auf** **Gehsteigen** Rad fahren.
Genitiv — Dativ

Über die **Straße** sollten sie ihr Fahrrad schieben.
Akkusativ

52 ▸ Verbinde die **Präpositionen** mit den Ausdrücken in den Klammern zu **Präpositionalgefügen**. Artikel und Adjektive musst du **verändern**.

Warum gibt es Verkehrsunfälle? Hier findest du einige Ursachen:

infolge (große Müdigkeit)

infolge großer Müdigkeit

wegen (überhöhte Geschwindigkeit)

____

mangels (eine vorschriftsmäßige Beleuchtung)

____

infolge (Alkoholgenuss)

____

trotz (defekte Scheibenwischer) fahren

____

aufgrund (eine schwere Erkrankung)

____

▸ Um welche **Art** von **Präpositionen** handelt es sich? ________________

▸ Welchen **Fall** fordern alle **Präpositionen**? ________________

53 Bestimme die durch die Präposition bestimmten **Fälle** der **Nomen**, die in der 3. Spalte stehen.

	Präposition	dazugehöriges Nomen	Kasus (Fall)
Schulkinder warten	in	dem Bushäuschen.	**Dativ**
Dort ist es gefährlich	wegen	der Autofahrer.	
Einer rast vorbei	trotz	der wartenden Kinder.	
Er achtet nicht	auf	die Vorschriften.	
Einer fährt langsam	aufgrund	der Vorschrift.	
Ältere Schüler sehen	nach	den Kleinen.	
Es gab einen Unfall	unweit	dieser Haltestelle.	
Der Bus nähert sich	mit	vermindertem Tempo.	
Lea sieht den Fahrer	durch	die Autoscheibe.	
Der Bus hält genau	vor	den Schülern.	
Die Kinder drängen	gegen	den Einstieg.	

Zwischentest zur **Präposition**

54 Hier werden Aussagen über **Präpositionen** gemacht.
Nicht alle stimmen. Kreuze die **richtigen** an.

- ◯ Präpositionen beziehen sich auf ein Nomen oder ein Pronomen.
- ◯ Präpositionen können gebeugt werden.
- ◯ *Neben, seit, dank, außerhalb, infolge* sind Präpositionen.
- ◯ Auf die Präpositionen *außerhalb* und *mit* folgt jeweils der Genitiv.
- ◯ Die Präpositionen *seit* und *während* geben ein Zeitverhältnis an.

55 ▸ Unterstreiche die Präpositionen und **ergänze** die fehlenden Endungen.

Radfahren ist eine ideale Kombination aus optimal**em** Training und aus gering____ Verletzungsgefahr. Dank d____ Sattel____ trägt man nicht sein volles Körpergewicht, was die Gelenke entlastet. Gerade bei übergewichtig____ Kinder____ bedeutet diese Art des Sports eine Schonung für d____ Gelenke. Das Fahren mit zügig____ Trittfrequenz verbessert infolge ein____ stark____ Trainingsreiz____ Durchblutung und Blutdruck. Aufgrund d____ Klimawandel____ ist das Rad als Fortbewegungsmittel in hochentwickelt____ Länder____ unentbehrlich. Es ist die klimafreundlichste Möglichkeit, innerhalb d____ Städte vorwärts zu kommen.

▸ Ordne die **9** Präpositionen des Textes nach ihrem **Kasus** in die Tabelle ein.

Genitiv	Dativ	Akkusativ
	aus,	

Pronomen (Fürwort)

1. Personalpronomen (persönliches Fürwort)

Personalpronomen sind Stellvertreter für …

Personen:	**Katharina** liest.	→ **Sie** liest.
Gegenstände:	Das **Buch** ist neu.	→ **Es** ist neu.
Sachverhalte:	Der **Inhalt** ist interessant.	→ **Er** ist interessant.

Diese **Personalpronomen** gibt es:

	Singular (Einzahl)	**Plural** (Mehrzahl)
1. Person	**ich**	**wir**
2. Person	**du**	**ihr**
3. Person	**er, sie, es**	**sie**

Personalpronomen können **dekliniert** (gebeugt) werden:

Max hilft **mir**. Ich helfe **ihm**. Die Nachbarn helfen **uns**. Wir helfen **ihnen**.

56 Schreibe die passenden **Personalpronomen** in die Lücken.

Isabelle sagt zu Julia: „ Ich wurde an einem Sonntag geboren. An welchem Wochentag wurdest _____ geboren?" Darauf Julia: „Das weiß _____ leider nicht." „Haben _____ das deine Eltern nicht gesagt?" „Ich habe _____ nie danach gefragt, ich werde mich bei _________ erkundigen." In diesem Augenblick kommt Julias Mutter ins Zimmer. „_____ habe etwas Obst für ______ hergerichtet." Julia fragt ______ gleich: „Mama, an welchem Wochentag hast _____ _________ zur Welt gebracht?" „An einem Sonntag. _____ waren so glücklich, dein Papa und _____. Für ______ war es der schönste Sonntag im Leben." „Dann sind _____ ja beide Sonntagskinder!", rufen Isabelle und Julia.

2. **Possessivpronomen** (besitzanzeigendes Fürwort)

Possessivpronomen bezeichnen …
einen **Besitz** → Das ist **mein** Federmäppchen.
eine **Zugehörigkeit** → **Meine** Klasse gewann den Pokal.

Es gibt folgende **Possessivpronomen**:

	Singular (Einzahl)	**Plural** (Mehrzahl)
1. Person	**mein**	**unser**
2. Person	**dein**	**euer**
3. Person	**sein, ihr, sein**	**ihr**

Possessivpronomen können **dekliniert** werden:

Du kannst **deine** Arbeit weder mit **meiner** noch mit **ihrer** vergleichen.

57 Der Satz *Tim hat **sein** Lineal vergessen* enthält das Possessivpronomen **sein**. Würde es diese Wortart nicht geben, müsste der Satz heißen: *Tim hat **Tims** Lineal vergessen*. Das hört sich ziemlich albern an.

▸ Ersetze im folgenden Gespräch alle **fett gedruckten** Eigennamen durch ein **Possessivpronomen**. Schreibe diese Pronomen darüber.

dein

Lehrer: Wo hast du **Tims** Lineal?

Tim: **Tims** Mutter hat vergessen, es in **Tims** Tasche zu stecken.

Lehrer: Aber Tim, du kannst doch nicht **Tims** Mutter dafür verantwortlich machen, dass du so vergesslich bist. In Zukunft sorgst du bitte selbst dafür, dass du **Tims** Siebensachen beisammen hast!

Max: Herr Lehrer, ich habe **Tims** Lineal!

Lehrer: Dann gib Tim **Tims** Lineal zurück!

3. **Indefinitpronomen** (unbestimmtes Fürwort)

Indefinitpronomen bezeichnen auf allgemeine, unbestimmte Weise …

ein **Lebewesen**	→ Da hat **jemand** geklopft.
ein **Ding**/eine **Sache**	→ Hast du mir **etwas** mitgebracht?
einen **Sachverhalt**	→ Wir werden **alles** über den Unfall berichten.

Wichtige **Indefinitpronomen**:
man, etwas, nichts, kein, niemand, jemand, manch, jeder, wenige, viele, einige, etliche, mehrere, alle, sämtlich, andere, irgendwer, irgendetwas

Manche **Indefinitpronomen** lassen sich **deklinieren**, manche **nicht**:

deklinierbar	→ Bitte **niemandem** etwas verraten!
nicht deklinierbar	→ **etwas – nichts – man**

Indefinitpronomen können auch als Begleiter vor ein **Nomen** gesetzt werden:

Es gibt **keinen Grund** dafür.

58 Setze die **Indefinitpronomen** in den Klammern im richtigen Kasus ein.

Es würde (keiner) ________________ schaden, weniger Fleisch zu essen. Im Gegenteil: Es würde (alle) ______________ gut tun. Es würde sogar (jedermann) ____________________ Geldbeutel geschont. (Wenige) ______________ ist klar, dass artgerecht gehaltene Tiere ein schöneres Leben haben. Ein höherer Kaufpreis für Fleisch sollte daher (jeder) _____________ recht sein.

Grammatik

5.–7. Klasse

Lösungen

Dieser Lösungsteil ist herausnehmbar!
Klammern in der Mitte des Heftes öffnen!

1 raschenln – krachen – wimmern – frieren – stehen – sammeln – drücken

2

ihr spielt	**2. P./Pl.**	du lügst	**2. P./Sg.**
sie läuft	**3. P./Sg.**	ich singe	**1. P./Sg.**
wir verreisen	**1. P./Pl.**	sie essen	**3. P./Pl.**

3

schwimmen	(1. Person Plural)	**wir schwimmen**
flattern	(3. Person Singular)	**er, sie, es flattert**
verlieren	(3. Person Plural)	**sie verlieren**
gewinnen	(2. Person Plural)	**ihr gewinnt**
gratulieren	(1. Person Singular)	**ich gratuliere**
lieben	(2. Person Singular)	**du liebst**
wandern	(1. Person Singular)	**ich wandere**

4

was jetzt geschieht:	was in Zukunft sein wird:	was immer gilt:
1, **2, 5**	**4, 7**	**3, 6, 8**

5

regelmäßige Verben		**unregelmäßige** Verben	
er suchte	3.P./Sg.	ich lief	1.P./Sg.
sie spielte	3.P./Sg.	wir rannten	1.P./Pl.
du packtest	2.P./Sg.	ihr befahlt	2.P./Pl.
sie kreischten	3.P./Pl.	sie aßen	3.P./Pl.
ich arbeitete	1.P./Sg.	es galt	3.P./Sg.
du lachtest	2.P./Sg.	du mochtest	2.P./Sg.
wir wählten	1.P./Pl.	er pfiff	3.P./Sg.
ich klatschte	1.P./Sg.	wir gingen	1.P./Pl.
		ich sah	1.P./Sg.
		du riefst	2.P./Sg.

6 **1.** … und sind auf die Berge gestiegen."

2. … in einem Atlas, den sie aus dem Bücherschrank geholt hat.

3. Die Mädchen haben den Ort bald gefunden …

4. … aber nach und nach habe ich mich daran gewöhnt."

5. … haben die beiden viele Ferienerlebnisse schon wieder vergessen.

6. Aber wenn sie das Schuljahr geschafft haben, kommen wieder Ferien.

Vergangenes wird **mündlich** erzählt	Vergangenes hat einen **Bezug** zur **Gegenwart**	was in der **Zukunft** vergangen sein wird
1, **4**	**2, 3**	**5, 6**

7 Keine Frau **wird** mehr unterbezahlt in Fabriken **arbeiten** müssen.

Wie die Männer **werden** auch Frauen Kredite **erhalten**.

Die Misshandlung von Frauen in einigen Ländern **wird aufhören**.

Verheiratete Frauen **werden** nicht mehr Besitz ihres Mannes **sein**.

Es **wird** keinen Handel mehr mit Frauen **geben**.

8

Verb im Infinitiv	Person/Numerus	Tempus	Personalform
fliehen	1.P./Pl.	Präteritum	**wir flohen**
bitten	**1.P./Sg.**	**Perfekt**	ich habe gebeten
kneifen	1.P./Sg.	Präteritum	**ich kniff**
beißen	**3.P./Sg.**	**Präteritum**	er biss

9 Jetzt **will** (**Präsens**) auch Noah eines zum Geburtstag.

Vater: „In meiner Jugend **gab** (**Präteritum**) es so etwas noch gar nicht. Trotzdem **ging** (**Präteritum**) es mir gut."

Noah: „Klar, weil du nichts von Computern **wusstest** (**Präteritum**)."

Vater: „Na und? Heute **weiß** (**Präsens**) ich es. In zehn Jahren **wird** es Dinge **geben** (**Futur I**), die wir noch nicht **kennen** (**Präsens**), und die wir auch nicht **vermissen** (**Präsens**)."

Noah: „Aber in zehn Jahren **brauchen** (**Präsens**) wir sie. Und ich **bin** (**Präsens**) mir sicher, zum Geburtstag **werde** ich ein Notebook **bekommen** (**Futur I**)."

Vater: „Das **hast** du **gesagt** (**Perfekt**)."

10

Personalform	Person/Numerus	Tempus	Infinitiv
sie helfen	3.P./Pl.	Präsens	helfen
wir riefen	1.P./Pl.	Präteritum	rufen
du hast gewonnen	2.P./Sg.	Perfekt	gewinnen
ihr lügt	2.P./Pl.	Präsens	lügen
sie wird anrufen	3.P./Sg.	Futur I	anrufen
er hat gesprochen	3.P./Sg.	Perfekt	sprechen
ihr werdet verlieren	2.P./Pl.	Futur I	verlieren
ich zog	1.P./Sg.	Präteritum	ziehen
sie sind gegangen	3.P./Pl.	Perfekt	gehen
du wirst lachen	2.P./Sg.	Futur I	lachen

11 … Als er **aufgestanden war**, ging es ihm viel besser. Er wusste natürlich nicht, dass sich das Salz im Wasser **aufgelöst hatte**. Der Esel **hatte** das „Wunder" nicht **vergessen**, als er am nächsten Tag wieder zum Fluss kam. Er wollte sich erneut die Erleichterung verschaffen, die er am Tag zuvor **genossen hatte**. Also legte er sich gemütlich in den Fluss. Doch diesmal **hatte** ihm sein Herr Schwämme **aufgeladen**. Sobald er sich ins Wasser **gelegt hatte**, saugten sich die Schwämme voll, und erst nach vielen Versuchen gelang es ihm mit letzter Kraft, das Ufer zu erreichen.

12

Sätze	Tempus	Plusquamperfekt
Du fällst.	**Präsens**	Du **warst gefallen**.
Es hat geklingelt.	**Perfekt**	Es **hatte geklingelt**.
Ich schrieb.	**Präteritum**	Ich **hatte geschrieben**.

13 Sie fanden eine Schüssel mit Milch, als sie zu einem Bauernhof **gekommen waren**.
Nachdem sie in die Schüssel **gehüpft waren**, ließen sie es sich schmecken.
Sobald sie ihren Durst **gestillt hatten**, wollten sie heraus, rutschten aber an der glatten Schüsselwand ab.
Nachdem sie sich lange **bemüht hatten**, wurden sie schwach und ein Frosch gab auf und ertrank in der Milch.
Da jedoch sein Partner unermüdlich weiter **gestrampelt hatte**, wurde die Milch langsam zu Butter.
Nachdem er den ersten Butterbrocken **gespürt hatte**, stieß er sich ab und landete auf festem Boden.

14 In Zukunft **werden** Roboter viele Arbeiten **übernommen haben**.
In Zukunft **werden** selbstfahrende Autos den Fahrer **ersetzt haben**.

15 Das Wetter **wird** zu kalt **gewesen sein**.
Sie **werden** noch nicht reif genug **gewesen sein**.
Er **wird** keinen Hunger **gehabt haben**.

16 Lena **bestand** die Abschlussprüfung, weil sie sich gut **vorbereitet hatte**. Als ihr Vater das Zeugnis **gelesen hatte**, **gratulierte** er ihr. Nachdem Lena die Realschule **beendet hatte**, **machte** sie sich Gedanken über ihren weiteren Ausbildungsweg. Sie **entschied** sich für den Besuch der Fachoberschule, weil ihr Zeugnis gut **ausgefallen war**. Sie **stellte** schon Überlegungen über ihren zukünftigen Beruf an. Als sie einmal **gestürzt war**, **bekam** sie bei einem Physiotherapeuten krankengymnastische Übungen. „Dieser Beruf würde mich interessieren", **dachte** Lena.

17 In drei Wochen **werde** ich mit meinen Eltern am Meer **angekommen sein**.
Nach den Ferien **werde** ich den Prüfungsstress **vergessen haben**.

18 Ein Rabe, der krächzt, ist ein **krächzender** Rabe.
Ein Hund, der auf mich zukommt, ist ein auf mich **zukommender** Hund.
Ein Mädchen, das musiziert, ist ein **musizierendes** Mädchen.
Ein Junge, der liest, ist ein **lesender** Junge.

19

essen	**gegessen**	fahren	**gefahren**
besuchen	**besucht**	rennen	**gerannt**
laufen	**gelaufen**	verstecken	**versteckt**
bitten	**gebeten**	schwimmen	**geschwommen**
schleichen	**geschlichen**	versuchen	**versucht**

20 … Ein Schüler ist aber doch eingeschlafen. Als es der Lehrer bemerkt und ihn geweckt hatte, sagte er: „Ich habe mir erlaubt, dich zu stören. Ich kann mir nicht vorstellen, dass dies der richtige Platz zum Schlafen ist." „Ach, es geht so, Sie müssen nur etwas leiser sprechen", sagte der Schüler, als er seine Augen geöffnet hatte.

Infinitiv: einschlafen – bemerken – wecken – erlauben – öffnen

21 … Nach **beendeter** Mahlzeit fragte dieser den **bewunderten** Schriftsteller, womit er sich denn am Vormittag beschäftigt habe. Heine antwortete: „Ich las ein gestern **verfasstes** Gedicht und fügte an einer Stelle ein Komma ein." Am späten Abend waren die beiden wieder beim Essen zusammen. „Und was haben Sie heute Nachmittag gemacht?" Die Antwort kam prompt: „Ich las das für mich noch immer nicht **gelungene** Gedicht durch und strich das **eingesetzte** Komma, weil es überflüssig ist."

In **zwei** Fällen wird das Partizip Perfekt **nicht** wie ein Adjektiv verwendet: **beschäftigt** – **gemacht**. In diesen Fällen ist es jeweils als Partizip Perfekt Bestandteil des Perfekts: beschäftigt habe – haben gemacht.

22
1. Alle Teilnehmer schreiben ihre Namen auf einen Zettel.
2. Die Zettel werden vom Spielleiter eingesammelt.
3. Jeder Mitspieler zieht einen Namen.
4. Er erzählt etwas über „sich", d. h. in Wirklichkeit über denjenigen,
5. dessen Namen er gezogen hat.
6. Dieser Name soll von den anderen Mitspielern erraten werden.

In den Sätzen **1**, **3**, **4** und **5** ist der Handlungsträger zugleich Subjekt.

Erklärung:
1. Alle Teilnehmer (Subjekt) tun etwas: Sie schreiben.
3. Jeder Mitspieler (Subjekt) tut etwas: Er zieht einen Namen.
4. Er (Mitspieler = Subjekt) tut etwas: Er erzählt.
5. Er (Mitspieler = Subjekt) tut etwas: Er hat gezogen.

23 Wichtiger Hinweis: Deine Lösung kann auch bei einer anderen Satzstellung richtig sein.

Aktiv	Passiv
Die restliche Gruppe bildet einen großen Kreis.	Von der restlichen Gruppe wird ein großer Kreis gebildet.
Die Mitspieler lassen die Arme hängen.	**Von den Mitspielern werden die Arme hängen gelassen.**

Die Katze verfolgt nun die Maus.	Die Maus wird nun von der Katze verfolgt.
Die Maus benützt als Fluchtweg die Lücke zwischen zwei Spielern.	**Als Fluchtweg wird von der Maus die Lücke zwischen zwei Spielern benützt.**
Die Spieler schließen durch Händefassen die Lücke für die Katze.	Die Lücke wird von den Spielern für die Katze durch Händefassen geschlossen.
Die Maus sucht sich ein offenes „Schlupfloch".	**Von der Maus wird ein offenes „Schlupfloch" gesucht.**

24

	Aktiv	Passiv
Perfekt	Du **hast** deinen Freund **gesehen**.	Dein Freund **ist** von dir **gesehen worden**.
Präteritum	Wir **probten** das Lied.	Das Lied **wurde** von uns **geprobt**.
Präsens	Lea **sucht** Lukas.	Lukas **wird** von Lea **gesucht**.
Futur I	Ihr **werdet** die Schüler **prüfen**.	Die Schüler **werden** von euch **geprüft werden**.
Perfekt	Ich **habe** das Tor **geschossen**.	Das Tor **ist** von mir **geschossen worden**.

25

Infinitiv	Partizip Präsens	Partizip Perfekt
streiten	streitend	**gestritten**
ziehen	**ziehend**	gezogen
liegen	liegend	**gelegen**
beschreiben	**beschreibend**	**beschrieben**
fließen	**fließend**	geflossen
passen	**passend**	**gepasst**
springen	springend	**gesprungen**
rennen	**rennend**	gerannt

26 Der Spielleiter sucht aus den Teilnehmern fünf Personen heraus. Eine Person wird zum Spieler, vier weitere werden zu Helfern ernannt. Die Helfer stellen sich nebeneinander auf. Nun merkt sich der Spieler innerhalb einer Minute die Namen der Helfer. Er prägt sie sich zusätzlich durch Abtasten ein. Nun wird ihm vom Spielleiter eine Augenbinde aufgesetzt. Die Helfer werden in einer anderen Reihenfolge aufgestellt. Der Spieler versucht, die Helfer zu ertasten.

27 Gestern **wurde** der FC Lukas **vom** SV Lisa mit 1:0 **besiegt**. Großartig, wie die Abwehrspieler des FC Lukas **von** Lisa **ausgeschaltet wurden**. **Von** dieser Mannschaft **wurde** einfach kein Mittel gegen Lisas Ballkünste **gefunden**. Kurz vor Schluss **wurde** der Ball **von** Lisa ins Tor **geschossen**.

28 … Nachmittags geht er auf den Bolzplatz, **denn** dort trifft er seine Freunde. Er surft zwar oft im Internet, **doch** Sport geht ihm über alles. Tim spielt nicht nur gerne Fußball, **sondern** er spielt auch gut. **Entweder** tritt er eines Tages einem Fußballverein bei, **oder** er trainiert in einem Schwimmverein.

29 Etwas **begründet** wird im **2**. Satz. Die Konjunktion heißt: **denn**.
Etwas **entgegengesetzt** wird im **4**. Satz. Konjunktion: **doch**.
Zwei Möglichkeiten werden vorgestellt im **3**. Satz. Konjunktion: **oder**.
Aneinandergereiht wird im **1**. Satz. Konjunktion: **und**.

30 Die ersten Eisenbahnen machten den Menschen Angst, **weil** sie so schnell fuhren. **Als** sich der erste Zug von Nürnberg nach Fürth in Bewegung setzte, wurden Kanonenschüsse abgefeuert. Vom Maschinenmeister, der das Feuer schürte, dachte man, **dass** er der Teufel persönlich sei. Die 200 geladenen Fahrgäste genossen die Fahrt, **während** ihnen unzählige Neugierige zuwinkten.

31

Art der Konjunktion	Satznummer	Konjunktion
kausal (Grund)	3	weil
temporal (Zeitverhältnis)	1	sobald
final (Zweck)	4	um zu
konditional (Bedingung)	2	falls
modal (Umstände)	5	indem

32 **Weil (da)** im Mai meist schlechtes Wetter war, fand der Ausflug mit der historischen Kandertalbahn erst im Juni statt. **Während (als)** die Väter die Karten kauften, bestaunten die Kinder die Dampflok von 1915. Tims Vater kaufte ein Buch über die Geschichte dieses Museumszuges, **da (weil)** Tim sich gründlich informieren wollte. Endlich setzte sich der Zug in Bewegung. **Als (sobald, wie, sowie)** sie die herrliche Schwarzwaldlandschaft sahen, staunten sie.

33 Vor den Bahnübergängen läutete und pfiff die „Bimmelbahn", **um** auf ihr Herannahen aufmerksam **zu** machen. Die Zeit verging wie im Fluge, **ohne dass** sich die Kinder auch nur einmal gelangweilt hätten. Zum langen Sitzen verschafften sich alle einen Ausgleich, **indem** sie in Kandern einen Spaziergang machten. Dort gibt es den August-Macke-Rundweg, **damit** die Besucher sich an den berühmten Maler erinnern.

34 Der berühmte Künstler war zum Malen immer wieder in die Stadt gekommen, **weil (da)** sie ihm so gut gefiel. Jonas wollte nur wieder nach Hause fahren, **wenn** er vorher ein Eis bekäme. Dagegen hatte niemand etwas, **sofern (wenn, falls)** es eine gute Eisdiele gäbe.

35 … Papa hat Holz nachgelegt, damit es in unserer Wohnung warm wird. Wenn ich aus dem Fenster sehe, zeigt sich mir eine tiefverschneite Winterlandschaft. Heute fahren wir mit der Schmalspurbahn auf den Brocken, aber erst muss die Sonne durchkommen. Während ich dies schreibe, sehe ich schon die ersten Sonnenstrahlen. Wir werden sicher bald aufbrechen. Ich bin wieder zurück und schreibe nun weiter. Die Fahrt mit der Bahn war aufregend, da man eine alte Dampflok nicht alle Tage sieht. Sie erreicht den Bahnhof Brocken in 1125 m Höhe, indem sie den Berg in einer Spirale eineinhalbmal umrundet. Auf dem Gipfel bot sich uns ein herrlicher Blick, jedoch ein eisiger Wind hielt uns von einem Spaziergang ab. Eine Fahrt mit der Brockenbahn kann ich jedem empfehlen, denn sie ist ein einmaliges Erlebnis.

aneinanderreihend	begründend	entgegensetzend
und	**denn**	aber
		jedoch

Zeit	Grund	Zweck	Bedingung	Art u. Weise
während	weil	**damit**	**wenn**	**indem**
	da			

36 … eine unruhige Nacht. Am frühen Morgen, wenn noch finstere Nacht ist, muss er schon aufstehen, sich von seiner lieben Mama verabschieden und mit Papa zum nahen Flughafen fahren. Das Flugzeug erwartet ihn schon und der Flug wird sicher ein großes Ereignis.

37 Hast du nur Adjektive unterstrichen, die mit einem Verb verbunden sind?

… Der freundliche Taxifahrer fährt langsam, weil dichter Verkehr ist. Geduldig erzählt Papa eine lustige Geschichte nach der anderen. Am Flughafen atmet Marc glücklich auf.

38 Hast du auch nur Adjektive unterstrichen, die prädikativ gebraucht werden?

… Marc: „Ich war müde, aber nun nicht mehr." Papa: „Der ist jetzt hellwach."
„Stimmt, ich bin fit", fügt Marc hinzu. „Du bist aber tüchtig", bewundert ihn die Frau.

39 … Die Landschaft verschwindet unter einer dichten Wolkendecke. „Schau, Papa, wir fliegen hoch über den Wolken!" Marc ist froh, dass er sicher bei seinem Papa sitzt. Die alte Dame neben ihm teilt seine unüberhörbare Begeisterung nicht immer, denn sie hätte gerne ein wenig geschlafen. Trotzdem holt sie freundlich einen Schokoriegel aus ihrer Tasche hervor und schenkt ihn Marc. Der Flug war schön.

attributiv gebraucht	adverbial gebraucht	prädikativ gebraucht
dichten	**hoch**	**interessant**
alte	**sicher**	**froh**
unüberhörbare	**freundlich**	**schön**

40 ein **selten** heißer Sommer
ein **erfreulich** gutes Zeugnis
die **unerträglich** schwüle Luft
ein **schmerzhaft** lauter Knall
ein **gefährlich** hohes Tempo
eine **unglaublich** verrückte Idee

41 … steigt Marc mit sichtbar weich**en** Knien aus. Im Flughafen kann man in schön**en** Geschäften einkaufen. In den fein**en** Restaurants sitzen gut gekleidet**e** Menschen, denen man ansieht, dass sie auf groß**em** Fuße leben. Marc kann die Münzen in seiner klein**en** Börse mit einem einzig**en** Blick erfassen. Trotz gut**er** Gründe, sein bescheiden**es** Taschengeld zu sparen, will er mit einem nett**en** Geschenk seiner so bewundernswert lieb**en** Mama eine klein**e** Freude machen.

42 … Blümel durchsucht seine Taschen. Endlich findet er den Schlüssel. Blümel sperrt die Tür auf. Schon klingelt das Telefon. Blümel hatte den Anruf längst erwartet. Als er abhob, meldete sich keiner. Blümel war einigermaßen sprachlos, nein, er war völlig sprachlos, denn da war jemand in der Leitung. Blümel hörte sogar seinen Atem. Und dieser Jemand in der Leitung schwieg. Jeder wird verstehen, dass Blümel allmählich die Geduld verlor. „Melden Sie sich endlich!" Schließlich legte Blümel auf.

43

Positiv	Komparativ	Superlativ
oft	**öfter**	**am öftesten**
wenig	**weniger**	am wenigsten
wohl	wohler	**am wohlsten**
bald	**eher**	am ehesten
gern	**lieber**	**am liebsten**
viel	mehr	**am meisten**

44 … „Zuerst muss sich Jeremias hier in dem abgestellten Güterzug auf Gleis 7 versteckt haben. Als er uns kommen hörte, wird er kurzerhand auf den abfahrenden Güterzug von Gleis 8 gesprungen sein; deswegen war er wie vom Erdboden verschluckt. Verflixt!" Hauptkommissar Blümel telefoniert sofort mit den Kollegen in Bremen: „Durchsucht den Güterzug Nr. 2156. Der Jeremias ist drinnen. Wir haben uns umsonst bemüht; seht, dass ihr ihn irgendwo schnappt! Servus."

lokal	temporal	modal	kausal
hier	wieder	**kurzerhand**	**deswegen**
drinnen	**zuerst**	**umsonst**	
irgendwo	**sofort**		

45 die **genauen** Auskünfte eines Zeugen
genau – genauer – am genauesten

das **hartnäckige** Leugnen des Angeklagten
hartnäckig – hartnäckiger – am hartnäckigsten

die **verblüffende** Lösung des Falls
verblüffend – verblüffender – am verblüffendsten

(Ebenso passend: die **verblüffenden** Auskünfte eines Zeugen bzw. die **genaue** Lösung des Falls)

46 „Komm herein", sagt Blümel, „das soll ein schöner Abend werden. Deshalb habe ich leckere Sachen eingekauft. Aber zuerst hole ich uns einen sehr guten Fruchtsaft." Gern trinkt Moritz ein ganzes Glas. Danach serviert ihm Blümel einen Teller Spaghetti mit einer überaus leckeren Tomatensoße. Blümel hat freundlicherweise Süßes nicht vergessen und als beide zuletzt satt sind, holt Blümel die Geschichte von Mi-ta-ha-sa, dem Indianerhäuptling. Der kann noch nicht in die ewigen Jagdgründe eingehen, weil er vorher den Schurken Jack Rance erledigen muss. Moritz macht es sich bequem. Er macht es sich umsonst gemütlich, weil jetzt das Telefon läutet. Einmal kann das Telefon ja läuten, aber nicht öfter, deswegen versteckt Moritz es irgendwo unter einem großen Sofakissen und Blümel kann in Ruhe mit seiner Geschichte beginnen.

lokal	temporal	modal	kausal
herein, irgendwo	heute, **zuerst, danach, zuletzt, noch, vorher, jetzt, einmal, öfter**	**sehr, gern, überaus, freundlicherweise, umsonst**	**deshalb, deswegen**

47 An der Ampel warten Leute. Unter ihnen ist auch ein Hund. Das Tier scheint ohne Begleiter zu sein. Jetzt schaltet die Ampel auf Grün. Der Hund läuft mit den Leuten. Er ist noch nicht in der Straßenmitte, da schaltet die Ampel auf Rot. Im selben Augenblick dreht der Hund seinen Kopf und kehrt um. Kennt das Tier die Bedeutung von Lichtzeichen?

48 Sie bedankt sich freundlich für meine Hilfe.
Ich gehe zurück auf die andere Straßenseite.
Ein Auto braust auf mich zu.
Ich bleibe vor Schreck stehen.

49 … ist das Radfahren auf der Straße aufgrund der Straßenverkehrsordnung nicht gestattet. Sie benützen den Gehweg neben der Straße, wo sie sich ohne Gefahren fortbewegen können. Wegen der Fußgänger darf nur mit geringem Tempo gefahren werden.

lokal	temporal	kausal	modal
auf	**unter**	**aufgrund**	**ohne**
neben		**wegen**	**mit**

50 … Am besten fährt man **außerhalb** der Stoßzeiten. Eine günstige Zeit ist **zwischen** 10 und 16 Uhr. Angenehm ist es auch **nach** 19 Uhr, besonders **an** langen Sommertagen, wenn es hell ist.

51

Nomen	Fall	Nomen	Fall
Valentin:	**Nominativ**	Fahrrad:	**Dativ**
Straßenbahn-gleisen:	**Dativ**	Straßenbahn:	**Nominativ**
Fahrers:	**Genitiv**	Valentin:	**Akkusativ**
Spur:	**Dativ**	Fenster:	**Akkusativ**

52 wegen **überhöhter Geschwindigkeit**
mangels **einer vorschriftsmäßigen Beleuchtung**
infolge **Alkoholgenusses**
trotz **defekter Scheibenwischer** fahren
aufgrund **einer schweren Erkrankung**

Es handelt sich um **kausale** Präpositionen. Die Präpositionen fordern alle den **Genitiv**.

53

Dort ist es gefährlich	wegen	der Autofahrer.	**Genitiv**
Einer rast vorbei	trotz	der wartenden Kinder.	**Genitiv**
Er achtet nicht	auf	die Vorschriften.	**Akkusativ**
Einer fährt langsam	aufgrund	der Vorschrift.	**Genitiv**
Ältere Schüler sehen	nach	den Kleinen.	**Dativ**
Es gab einen Unfall	unweit	dieser Haltestelle.	**Genitiv**
Der Bus nähert sich	mit	vermindertem Tempo.	**Dativ**
Lea sieht den Fahrer	durch	die Autoscheibe.	**Akkusativ**
Der Bus hält genau	vor	den Schülern.	**Dativ**
Die Kinder drängen	gegen	den Einstieg.	**Akkusativ**

54

☒ Präpositionen beziehen sich auf ein Nomen oder ein Pronomen.
○ Präpositionen können gebeugt werden.
☒ *Neben, seit, dank, außerhalb, infolge* sind Präpositionen.
○ Auf die Präpositionen *außerhalb* und *mit* folgt jeweils der Genitiv.
☒ Die Präpositionen *seit* und *während* geben ein Zeitverhältnis an.

55

Radfahren ist eine ideale Kombination aus optimal**em** Training und aus gering**er** Verletzungsgefahr. Dank d**es** Sattel**s** trägt man nicht sein volles Körpergewicht, was die Gelenke entlastet. Gerade bei übergewichtig**en** Kinder**n** bedeutet diese Art des Sports eine Schonung für d**ie** Gelenke. Das Fahren mit zügig**er** Trittfrequenz verbessert infolge ein**es** stark**en** Trainingsreiz**es** Durchblutung und Blutdruck. Aufgrund d**es** Klimawandel**s** ist das Rad als Fortbewegungsmittel in hochentwickelt**en** Länder**n** unentbehrlich. Es ist die klimafreundlichste Möglichkeit, innerhalb d**er** Städte vorwärts zu kommen.

Genitiv	Dativ	Akkusativ
dank, infolge, aufgrund, innerhalb	**aus, bei, mit, in**	**für**

Gesamtübersicht

Lernen · Üben · Fördern

Kindergarten · Vorschule 4 – 7 J.

619 Kindergartenblock – Gemeinsamkeiten und Unterschiede ab 4 Jahre
978-3-88100-619-4 | 5,90 EUR③ | A5-Block

620 Kindergartenblock – Das kann ich schon! ab 4 Jahre
978-3-88100-620-0 | 5,90 EUR③ | A5-Block

621 Kindergartenblock – Formen, Farben, Fehler finden ab 4 Jahre
978-3-88100-621-7 | 5,90 EUR③ | A5-Block

622 Kindergartenblock – Verbinden, vergleichen, Fehler finden ab 4 Jahre
978-3-88100-622-4 | 5,90 EUR③ | A5-Block

618 Vorschulblock – Schneiden, kleben, basteln ab 5 Jahre
978-3-88100-618-7 | 5,90 EUR③ | A5-Block

623 Vorschulblock – Konzentration und Wahrnehmung ab 5 Jahre
978-3-88100-623-1 | 5,90 EUR③ | A5-Block

624 Vorschulblock – Logisches Denken, rätseln und knobeln ab 5 Jahre
978-3-88100-624-8 | 5,90 EUR③ | A5-Block

625 Vorschulblock – Fit zum Schuleintritt ab 5 J.
978-3-88100-625-5 | 5,90 EUR③ | A5-Block

626 Vorschulblock – Schwungübungen ab 5 J.
978-3-88100-626-2 | 5,90 EUR③ | A5-Block

627 Vorschulblock –Zahlen und Mengen ab 5 J.
978-3-88100-627-9 | 5,90 EUR③ | A5-Block

628 Vorschulblock – Buchstaben u. Laute ab 5 J.
978-3-88100-628-6 | 5,90 EUR③ | A5-Block

611 Vorschule: Schulreife fördern
978-3-88100-611-8 | 4,90 EUR② | A5-Heft

612 Vorschule: Sprache entdecken
978-3-88100-612-5 | 4,90 EUR② | A5-Heft

613 Vorschule: Zahlen entdecken
978-3-88100-613-2 | 4,90 EUR② | A5-Heft

614 Vorschule: Unsere vier Jahreszeiten
978-3-88100-614-9 | 2,90 EUR① | A5-Heft

615 Vorschule: Rund um meinen Körper
978-3-88100-615-6 | 2,90 EUR① | A5-Heft

École maternelle · Preschool 4 – 7 J.

760 Bloc de maternelle – Je sais déjà faire tout ça ! À partir de 4 ans
978-3-88100-760-3 | 5,90 EUR③ | A5-Block

761 Bloc de maternelle – Relier, comparer, trouver des erreurs À partir de 4 ans
978-3-88100-761-0 | 5,90 EUR③ | A5-Block

762 Bloc de maternelle – Pensée logique, devinettes et réflexion À partir de 5 ans
978-3-88100-762-7 | 5,90 EUR③ | A5-Block

763 Bloc de maternelle – Chiffres et quantités À partir de 5 ans
978-3-88100-763-4 | 5,90 EUR③ | A5-Block

766 Bloc de maternelle – Exercices de courbes À partir de 5 ans
978-3-88100-766-5 | 5,90 EUR③ | A5-Block

767 Bloc de maternelle – Points communs et différences À partir de 4 ans
978-3-88100-767-2 | 5,90 EUR③ | A5-Block

730 Preschool block – I can do that! 4 y. and up
978-3-88100-730-6 | 5,90 EUR③ | A5-Block

731 Preschool block – Comparing, connecting, finding errors 4 years and up
978-3-88100-731-3 | 5,90 EUR③ | A5-Block

732 Preschool block – Logical thinking, solving puzzles and tasks 5 years and up
978-3-88100-732-0 | 5,90 EUR③ | A5-Block

733 Preschool block – Numbers and quantities 5 years and up
978-3-88100-733-7 | 5,90 EUR③ | A5-Block

736 Preschool block – Handwriting exercises 5 years and up
978-3-88100-736-8 | 5,90 EUR③ | A5-Block

737 Preschool block – Similarities and differences 4 years and up
978-3-88100-737-5 | 5,90 EUR③ | A5-Block

Malblöcke 4 – 6 Jahre

601 Malblock – Indianer, Ritter und Piraten
978-3-88100-601-9 | 4,90 EUR② | A5-Block

602 Malblock – Märchen und Zauberei
978-3-88100-602-6 | 4,90 EUR② | A5-Block

603 Malblock – Notarzt, Polizei und Feuerwehr
978-3-88100-603-3 | 4,90 EUR② | A5-Block

604 Malblock – Ponys und Pferde
978-3-88100-604-0 | 4,90 EUR② | A5-Block

605 Malblock – Tiere im Zoo
978-3-88100-605-7 | 4,90 EUR② | A5-Block

Rätselblöcke 5 – 10 Jahre

630 Rätselblock ab 5 Jahre, Band 1
978-3-88100-630-9 | 5,90 EUR③ | A5-Block

636 Rätselblock ab 5 Jahre, Band 2
978-3-88100-636-1 | 5,90 EUR③ | A5-Block

631 Rätselblock ab 6 Jahre, Band 1
978-3-88100-631-6 | 5,90 EUR③ | A5-Block

637 Rätselblock ab 6 Jahre, Band 2
978-3-88100-637-8 | 5,90 EUR③ | A5-Block

632 Rätselblock ab 7 Jahre, Band 1
978-3-88100-632-3 | 5,90 EUR③ | A5-Block

638 Rätselblock ab 7 Jahre, Band 2
978-3-88100-638-5 | 5,90 EUR③ | A5-Block

633 Rätselblock ab 8 Jahre, Band 1
978-3-88100-633-0 | 5,90 EUR③ | A5-Block

639 Rätselblock ab 8 Jahre, Band 2
978-3-88100-639-2 | 5,90 EUR③ | A5-Block

634 Rätselblock ab 9 Jahre, Band 1
978-3-88100-634-7 | 5,90 EUR③ | A5-Block

640 Rätselblock ab 9 Jahre, Band 2
978-3-88100-640-8 | 5,90 EUR③ | A5-Block

635 Rätselblock ab 10 Jahre
978-3-88100-635-4 | 5,90 EUR③ | A5-Block

1. Klasse Mathematik und Deutsch

71 Mathe trainieren 1. Klasse
978-3-88100-071-0 | 7,90 EUR④ | A5-Heft

81 Tests in Mathe – Lernzielkontr. 1. Klasse
978-3-88100-181-6 | 11,90 EUR⑥ | A4-Heft

501 Erstleseblock – In der Schule ist was los!
978-3-88100-501-2 | 6,90 EUR⑤ | A5-Block

503 Erstleseblock – Tiergeschichten
978-3-88100-503-6 | 6,90 EUR⑤ | A5-Block

504 Erstleseblock – Sportlich, sportlich!
978-3-88100-504-3 | 6,90 EUR⑤ | A5-Block

506 Erstleseblock – Quer durchs Jahr
978-3-88100-506-7 | 6,90 EUR⑤ | A5-Block

651 Mathe auf dem Bauernhof 1. Klasse
978-3-88100-651-4 | 7,90 EUR④ | A5-Heft

659 Quer durch die 1. Klasse, Richtig schreiben
978-3-88100-659-0 | 7,90 EUR④ | A5-Block

660 Quer durch die 1. Klasse, Lesen üben
978-3-88100-660-6 | 7,90 EUR④ | A5-Block

661 Quer durch die 1. Klasse, Mathe u. Deutsch
978-3-88100-661-3 | 7,90 EUR④ | A5-Block

212 Grammatik 1./2. Klasse
978-3-88100-212-7 | 7,90 EUR④ | A5-Heft

251 Rechtschreiben 1. Klasse
978-3-88100-251-6 | 7,90 EUR④ | A5-Heft

271 Besser lesen 1. Klasse
978-3-88100-271-4 | 7,90 EUR④ | A5-Heft

281 Tests in Deutsch – Lernzielkontr. 1. Klasse
978-3-88100-281-3 | 11,90 EUR⑥ | A4-Heft

2. Klasse Mathematik und Deutsch

52 Textaufgaben 2. Klasse
978-3-88100-052-9 | 7,90 EUR④ | A5-Heft

72 Mathe trainieren 2. Klasse
978-3-88100-072-7 | 7,90 EUR④ | A5-Heft

82 Tests in Mathe – Lernzielkontr. 2. Klasse
978-3-88100-082-6 | 11,90 EUR⑥ | A4-Heft

652 Einmaleins Mathematik 2./3. Klasse
978-3-88100-048-2 | 7,90 EUR④ | A5-Heft

665 Quer durch die 2./3. Kl., Das kl. Einmaleins
978-3-88100-665-1 | 7,90 EUR④ | A5-Block

662 Quer durch die 2. Klasse, Mathe u. Deutsch
978-3-88100-662-0 | 7,90 EUR④ | A5-Block

212 Grammatik 1./2. Klasse
978-3-88100-212-7 | 7,90 EUR④ | A5-Heft

221 Aufsatz Deutsch 2. Klasse
978-3-88100-221-9 | 7,90 EUR④ | A5-Heft

242 Rechtschreiben und Diktate 2. Klasse
978-3-88100-242-4 | 7,90 EUR④ | A5-Heft

272 Besser lesen 2. Klasse
978-3-88100-272-1 | 7,90 EUR④ | A5-Heft

282 Tests in Deutsch – Lernzielkontr. 2. Klasse
978-3-88100-282-0 | 11,90 EUR⑥ | A4-Heft

292 Lesetests in Deutsch – Lernzielkontr. 2. Kl.
978-3-88100-292-9 | 11,90 EUR⑥ | A4-Heft

3. Klasse Mathematik, Deutsch, Englisch und Sachunterricht

53 Textaufgaben 3. Klasse
978-3-88100-053-6 | 7,90 EUR® | A5-Heft

73 Mathe trainieren 3. Klasse
978-3-88100-073-4 | 7,90 EUR® | A5-Heft

83 Tests in Mathe – Lernzielkontr. 3. Klasse
978-3-88100-083-3 | 11,90 EUR® | A4-Heft

652 Einmaleins Mathematik 2./3. Klasse
978-3-88100-048-2 | 7,90 EUR® | A5-Heft

653 Mathe-Abenteuer 3. Klasse: Im Mittelalter
978-3-88100-653-8 | 7,90 EUR® | A5-Heft

665 Quer durch die 2./3. Klasse, Das kleine Einmaleins
978-3-88100-665-1 | 7,90 EUR® | A5-Block

663 Quer durch die 3. Klasse, Mathe u. Deutsch
978-3-88100-663-7 | 7,90 EUR® | A5-Block

213 Grammatik 3. Klasse
978-3-88100-213-4 | 7,90 EUR® | A5-Heft

222 Aufsatz Deutsch 3. Klasse
978-3-88100-222-6 | 7,90 EUR® | A5-Heft

243 Diktate Deutsch 3./4. Klasse
978-3-88100-243-1 | 7,90 EUR® | A5-Heft

253 Rechtschreiben und Diktate 3. Klasse
978-3-88100-253-0 | 7,90 EUR® | A5-Heft

273 Besser lesen 3. Klasse
978-3-88100-273-8 | 7,90 EUR® | A5-Heft

283 Tests in Deutsch – Lernzielkontr. 3. Klasse
978-3-88100-283-7 | 11,90 EUR® | A4-Heft

293 Lesetests in Deutsch – Lernzielkontr. 3. Kl.
978-3-88100-293-6 | 11,90 EUR® | A4-Heft

403 Tests im Sachunterricht – Lernzielkontrolle 3. Klasse
978-3-88100-403-9 | 11,90 EUR® | A4-Heft

311 Mein buntes Vokabelheft. Englisch 3./4. Kl.
978-3-88100-045-1 | 7,90 EUR® | A5-Heft

673 Quer durch die 3. Klasse, Englisch
978-3-88100-673-6 | 7,90 EUR® | A5-Block

4. Klasse Mathematik, Deutsch, Englisch und Sachunterricht

19 Textaufgaben 4. Klasse
978-3-88100-019-2 | 7,90 EUR® | A5-Heft

74 Mathe trainieren 4. Klasse
978-3-88100-074-1 | 7,90 EUR® | A5-Heft

84 Tests in Mathe – Lernzielkontr. 4. Klasse
978-3-88100-084-0 | 11,90 EUR® | A4-Heft

99 Fit zum Übertritt – Mathe 4. Klasse
978-3-88100-099-4 | 11,90 EUR® | A4-Heft

664 Quer durch die 4. Klasse, Mathe und Deutsch
978-3-88100-664-4 | 7,90 EUR® | A5-Block

214 Grammatik 4. Klasse
978-3-88100-214-1 | 7,90 EUR® | A5-Heft

223 Aufsatz Deutsch 4. Klasse
978-3-88100-223-3 | 7,90 EUR® | A5-Heft

224 Bildergeschichte. Aufsatz 4./5. Klasse
978-3-88100-224-0 | 7,90 EUR® | A5-Heft

225 Erlebniserzählung. Aufsatz 4./5. Klasse
978-3-88100-225-7 | 7,90 EUR® | A5-Heft

243 Diktate Deutsch 3./4. Klasse
978-3-88100-243-1 | 7,90 EUR® | A5-Heft

254 Rechtschreiben und Diktate 4. Klasse
978-3-88100-254-7 | 7,90 EUR® | A5-Heft

274 Besser lesen 4. Klasse
978-3-88100-274-5 | 7,90 EUR® | A5-Heft

284 Tests in Deutsch – Lernzielkontr. 4. Klasse
978-3-88100-284-4 | 11,90 EUR® | A4-Heft

294 Lesetests in Deutsch – Lernzielkontr. 4. Klasse
978-3-88100-294-3 | 11,90 EUR® | A4-Heft

299 Fit zum Übertritt – Deutsch 4. Klasse
978-3-88100-299-8 | 11,90 EUR® | A4-Heft

404 Tests im Sachunterricht – Lernzielkontr. 4. Klasse
978-3-88100-404-6 | 11,90 EUR® | A4-Heft

311 Mein buntes Vokabelheft. Englisch 3./4. Klasse
978-3-88100-045-1 | 7,90 EUR® | A5-Heft

674 Quer durch die 4. Klasse, Englisch
978-3-88100-674-3 | 7,90 EUR® | A5-Block

Fit für jede Klassenarbeit!

56 … An welchem Wochentag wurdest **du** geboren?" Darauf Julia: „Das weiß **ich** leider nicht." „Haben **dir** das deine Eltern nicht gesagt?" „Ich habe **sie** nie danach gefragt, ich werde mich bei **ihnen** erkundigen." In diesem Augenblick kommt Julias Mutter ins Zimmer. „**Ich** habe etwas Obst für **euch** hergerichtet." Julia fragt **sie** gleich: „Mama, an welchem Wochentag hast **du mich** zur Welt gebracht?" „An einem Sonntag. **Wir** waren so glücklich, dein Papa und **ich**. Für **uns** war es der schönste Sonntag im Leben." „Dann sind **wir** ja beide Sonntagskinder!", rufen Isabelle und Julia.

57

	Meine ... **meine**
Tim:	**Tims** Mutter hat vergessen, es in **Tims** Tasche zu stecken.
	deine
Lehrer:	Aber Tim, du kannst doch nicht **Tims** Mutter dafür verantwortlich machen, dass du so vergesslich bist. In Zukunft sorgst du
	deine
	bitte selbst dafür, dass du **Tims** Siebensachen beisammen hast!
	sein
Max:	Herr Lehrer, ich habe **Tims** Lineal!
	sein
Lehrer:	Dann gib Tim **Tims** Lineal zurück!

58 Es würde **keinem** schaden, weniger Fleisch zu essen. Im Gegenteil: Es würde **allen** gut tun. Es würde sogar **jedermanns** Geldbeutel geschont. **Wenigen** ist klar, dass artgerecht gehaltene Tiere ein schöneres Leben haben. Ein höherer Kaufpreis für Fleisch sollte daher **jedem** recht sein.

59 Klage eines armen Schweins: Ich bin hier seit meiner Geburt gefangen. Man hat mich eingesperrt und niemand befreit mich aus diesem schrecklichen Gefängnis. Hier geht es allen gleich. Was für eine Enge! Das hält keiner aus. Aber interessiert das jemanden? Ziemlich viele von uns sind aggressiv geworden und gehen auf andere los. Jeder, bei dem wir später auf dem Teller landen, sollte uns vorher besuchen. Ich denke, dass manchen der Appetit vergehen würde. Doch inzwischen gibt es etliche Menschen, denen unser Schicksal nicht gleichgültig ist. Nicht wenige verzichten inzwischen auf Fleisch.

60 … Heute bekommt sie Rehfleisch, das sie am liebsten mag. Penelope, die gesund bleiben soll, wird gut ernährt. Auf dem Speiseplan steht zuerst Fleisch, das sie roh verzehrt. (Eigentlich wären kleine Nagetiere, von denen sich ihre wilden Verwandten ernähren, ihre natürliche Nahrung.) Ich achte auf eine ausgewogene Ernährung, zu der auch Reis, Gemüse, Haferflocken und gekochte Kartoffeln gehören. Die Kohlenhydrate, die in diesen Speisen enthalten sind, kann die Katze in gekochter Form besser verdauen. Nahrung, die ihr nicht schmeckt, lässt Penelope einfach stehen. Penelope, deren Fell seidig und glänzend aussieht, ist gesund.

61 Ich beobachtete die Katze, ~~die~~ **welche** die Maus gefangen hatte. Das arme Mäuschen, ~~das~~ **welches** das grausame Spiel erdulden musste, tat mir so leid. Da kam der Grundbesitzer, ein Mensch, der Katzen nicht mag. Er stürzte auf die Katze los, ~~die~~ **welche** die Flucht ergriff und ihr Opfer fallen ließ. Das kleine Tierchen, ~~das~~ **welches** das Unglück überlebt hatte, verschwand sofort. Ich erzählte das Erlebnis einem Freund, und zwar dem, ~~dem~~ **welchem** ich alles anvertraue.

62 Mein Bruder mag Tiere nicht, **was** mich ziemlich ärgert. Die Liebe zu Tieren ist doch das Schönste, **was** man sich vorstellen kann. Neulich sah ich das liebste Kälbchen, **das** ich je gesehen habe. Ich kenne viele Leute, **die** Tiere so gerne haben wie Freunde. Aber das ist nun etwas, **was** ich auch nicht verstehe, vor allem dann, wenn diese Leute Fleischesser sind.

63 heute – niemand – derselbe – jemand – wer – jener – meine – dem – den – mancher – dasselbe – kein – dasjenige – unser – er – jenes – jeder – viele – dessen – nichts – unser – solche – wir

64 „Immer muss alles nach deinem Kopf gehen!", schimpft Katja mit Rosa. „Das stimmt doch gar nicht", entgegnet diese. Katja: „Doch. Neulich im Kino sahen wir deinen Wunschfilm!" „Ja, weil wir keine Karten bekamen für denjenigen, den du sehen wolltest!" Jetzt sind die beiden aber böse aufeinander, und wieder einmal ist Jana diejenige, die ihren Zorn besänftigen soll: „Jetzt sag doch du auch mal was!" „Immer dasselbe", denkt Jana, „jetzt soll ich das wieder in Ordnung bringen. Solche Freundinnen sind ziemlich anstrengend." Zu Katja und Rosa sagt sie: „Wisst ihr was? Ihr habt diesen Streit angefangen, dann könnt ihr ihn auch wieder beenden." Jana dreht sich um und geht. Rosa und Katja sind platt.

65 … oder **du**?" Sie überlegten, wie sich **das** herausfinden ließe. Da kam **ihnen** ein Junge, der eben auf der Straße ging, gerade recht. **Sie** vereinbarten, dass **derjenige** der Stärkere sein sollte, **der** den Jungen dazu brächte, **seine** Jacke abzulegen. Der Wind brauste sogleich los. **Niemand** kann sich vorstellen, wie es dem Jungen, **welcher** der Wut des Sturmes hilflos ausgesetzt war, erging. Er wickelte sich immer fester in die Jacke und überlegte, wie **er** sich retten könnte. Da entdeckte er eine große Eiche. Sie hatte einen mächtigen Stamm. **Dessen** Windschatten bot dem Armen schließlich Schutz. Der Wind gab auf, und nun sandte die Sonne kraftvoll **ihre** Strahlen zur Erde. Es wurde heiß, **was** den Jungen veranlasste, die Jackenknöpfe zu öffnen. Bei **einigen** gelang **dies** nicht sogleich, aber bald waren **alle** offen. Der Junge zog die Jacke aus, und die Sonne freute sich über **ihren** Sieg.

Personalpronomen	Possessivpronomen	Indefinitpronomen	Demonstrativpronomen	Relativpronomen
ich, **du, ihnen, sie, er**	**seine, ihre, ihren**	**niemand, einigen, alle**	**das, derjenige, dessen, dies**	**der, welcher, was**

66 Den Staatsanwalt informiert der Kommissar.
Informiert der Kommissar den Staatsanwalt?

67 2. Der Unbekannte | macht | in der Stadt | große Beute.
3. Am helllichten Tag | klaut | er | immer wieder | aus Wohnungen | wertvolles Gut.

68

Der	Kommissar	liebt	seine	Arbeit.
↓	↓	↓	↓	↓
Artikel	**Nomen**	**Verb**	**Possessivpronomen**	**Nomen**

69 Der Kommissar | liebt | seine Arbeit.

70 Schließlich | beantragt | Blümel | Unterstützung | bei seinen Ermittlungen.

Schließlich	beantragt	Blümel	Unterstützung	bei	seinen	Ermittlungen.
↓	↓	↓	↓	↓	↓	↓
Adverb	**Verb**	**Nomen**	**Nomen**	**Präposition**	**Possessivpronomen**	**Nomen**

71 Leo <u>nimmt</u> einen Papierstreifen (30 x 5 cm). Er <u>befestigt</u> zwei Büroklammern. <u>Siehst</u> du es auf der Zeichnung? Nun <u>zieht</u> er gleichzeitig an den beiden Enden des Streifens. Die beiden Klammern <u>fliegen</u> in hohem Bogen auf den Tisch. Sie <u>bilden</u> eine kurze Kette. <u>Gelingt</u> der Versuch immer?

72 Er gelingt ihm nicht.
Er probiert es immer wieder.
Zuletzt hat er Erfolg.

73 Vielleicht darf ich einen Segelkurs machen.
Dafür muss ich aber in Deutsch im Zeugnis eine Zwei bekommen.
Mit etwas Glück kann ich es schaffen.
Deshalb habe ich in der letzten Zeit viel gearbeitet.
Meinen Vater hat das sehr gefreut.
Jetzt schlage ich den Atlas auf.
Ich möchte unbedingt unseren Urlaubsort finden.
Das wird eine lange Autofahrt werden.
Ich werde einfach während der Fahrt lesen.
Aber jetzt nehme ich mir erst einmal meine Arbeit vor.

74
1. **Astrid Lindgren** hat die Figur Pippi Langstrumpf erfunden.
2. 1942 bis 1944 schrieb **Anne Frank** in einem Versteck ein heute weltberühmtes Tagebuch.
3. Die Bibel übersetzte **Martin Luther** ins Deutsche.
4. **Karl May** schrieb die drei Bände Winnetou.

75 Kolumbus wurde wahrscheinlich 1451 in Genua geboren. Nach eigenen Aussagen fuhr er schon mit 14 Jahren zur See. Der Sohn des Kolumbus berichtet uns von einem Grundstudium des Vaters an der Universität von Pavia. Immerhin kannte sich der spätere Seefahrer sehr gut in Latein und Mathematik aus. Aus politischen Gründen musste die Familie 1461 die Heimat verlassen. Als junger Mann kämpfte Kolumbus als Pirat in einem Krieg um Süditalien.

(Bei „sich auskennen" handelt es sich um ein reflexives Verb. Das Reflexivpronomen kann nicht durch ein Objekt ersetzt werden. Es ist fester Bestandteil des Verbs.)

76 **Wem** werden wir vermutlich niemals begegnen?
Wen wird man auch kaum finden?
Was sollte man vielen Leuten erzählen?
Wem sollte man ihre Geschichte erzählen?

Vermutlich werden wir niemals einem Mohawk begegnen.
Diese Indianer wird man auch kaum finden.
Man sollte ihre Geschichte vielen Leuten erzählen.

77 Nur wenige Mohawk (**Nominativ**) haben überlebt. Aber diese Letzten (**Akkusativ**) sucht man in Amerika besonders. Denn New York verdankt ihnen (**Dativ**) seine Hochhäuser (**Akkusativ**). Vom 20. Stockwerk an ziehen die Mohawk (**Nominativ**) seit 100 Jahren die Wolkenkratzer (**Akkusativ**) hoch.

78 „Sie haben Schwindelfreiheit geerbt", behaupten die Leute. Auch Mohawk haben **Angst**, wenn sie in schwindelnder Höhe ungesichert über schmale Stahlträger laufen. Sie sind immer **dem Abgrund** ausgesetzt, wenn sie bei Eiseskälte oder Sommerhitze **20-Tonnen-Säulen** millimetergenau platzieren. Schon **eine falsche Bewegung** kann **das Ende** bedeuten.

79 Auch andere Satzstellungen sind möglich. Es kommt nur darauf an, dass du die Satzglieder richtig bestimmt hast.

2. Sie lieben gefährliche und anstrengende Arbeit.
3. Indianer suchen das Abenteuer.
4. Sie opfern dem Geld ihre Sicherheit.

80 Als kanadische Ingenieure 1886 eine Brücke über den Sankt-Lorenz-Strom bauten, waren sie sich der großen Schwierigkeiten dieser Aufgabe bewusst. Deshalb bedienten sie sich junger Indianer, da sie erlebt hatten, wie diese in schwindelnder Höhe auf den Gerüsten herumkletterten. Die Mohawk erfreuen sich heute bei der kanadischen Regierung nicht allzu großer Beliebtheit. Man erinnert sich nur ungern der beinahe kriegerischen Auseinandersetzungen in den Jahren 1970 und 1990. Die Indianer gedenken noch heute der damaligen Opfer. Indianer bedürfen wie alle Naturvölker des besonderen Schutzes. Viele Menschenrechtsorganisationen nehmen sich ihrer an.

81 Sie nimmt **an** einem Schreibkurs teil.
Sie konzentriert sich dabei **auf** ihre Arbeit.
Elias befasst sich **mit** Mathematik.
Er bereitet sich **auf** eine Prüfung vor.
Er glaubt **an** seinen Erfolg.
Seine Mutter freut sich **über** Elias' Fleiß.

82 Leon und Sara verabreden sich **vor, bei, neben, hinter** dem Theater.
Sara schwärmt **für (von)** Theateraufführungen.
Leon liegt noch immer **auf, vor, neben, unter** der Couch.
Sara geht **vor, nach, um** 18 Uhr.
Sie hofft **auf** einen guten Sitzplatz.
Nur wenige Leute stehen **vor, neben, bei** dem Eingang.
Deshalb freut sie sich **über** ihre guten Chancen.
Leon entschuldigt sich **für** sein Zuspätkommen.

83 Lehrer Koch sorgt für seine Schüler.
Für wen sorgt Lehrer Koch?
Während der Fahrt bittet ein Kontrolleur um die Fahrausweise.
Worum bittet ein Kontrolleur?
Matthias sucht umsonst nach seiner Fahrkarte.
Wonach sucht Matthias umsonst?
Er fürchtet sich vor dem Kontrolleur.
Vor wem fürchtet er sich?

84 Seine Mitschüler setzen sich für Matthias ein.
Der Kontrolleur lässt sich von ihnen beeinflussen.
Matthias freut sich über den Kontrolleur.
Er dankt ihm für sein Vertrauen.

85
1. Spatzen besiedeln nahezu die ganze bewohnbare Welt. (**AO**)
2. Getreidesamen schmecken den Spatzen besonders gut. (**DO**)
3. Friedrich der Große reduzierte deshalb ihr Vorkommen. (**AO**)
4. Doch bald verwüsteten Schädlinge die herrschaftlichen Felder. (**AO**)
5. Spatzen ernähren sich nämlich auch von schädlichen Insekten. (**PO**)
6. Auf Spatzenverfolgungen verzichtete der König von nun an. (**PO**)
7. Jetzt erfreute man sich wieder besserer Ernten. (**GO**)

86

	GO	DO	AO	PO
Dem geselligen Haussperling sind viele Lautäußerungen möglich.	B	K	U	F
So warnt er seine Mitgeschöpfe unmissverständlich **vor Luft- oder Bodenfeinden**.	I	E	L	A
Spatzen erinnern sich **der Alarmrufe von Staren oder Amseln** sehr genau und machen sie nach.	T	H	S	R
Einem Weibchen signalisiert der Haussperling mit leisen, gezogenen und nasalen Lauten **seine Zuneigung**.	E	T	Z	C
Im 18. Jahrhundert war es ein beliebtes Spiel, **gefangenen Vögeln** Lieder beizubringen.	M	E	H	N

Das Lösungswort heißt **KATZE**.

87

seit wann?	**seit zwei Stunden**
wie lange (noch)?	**noch fünf Stunden**
wie oft?	**einmal im Jahr**

88 Eine Durchsage: „Auf Gleis 7 steht ein ICE, der nach Hamburg fährt."

89 Es hängt an der Wand und gibt mir jeden Morgen die Hand.
(das Handtuch)

Alle Tage geh ich aus, bleibe dennoch stets zu Haus.
(die Schnecke)

90 Lukas' Nachbarin, die immer Bescheid weiß, erzählt ihm gerade, Lisa habe sich gestern in Nachbars Garten unrechtmäßig saftige Kirschen geholt. Eine böse Tat sei das normalerweise nicht. Sie hätte aber anstandshalber vorher fragen müssen.

91
1. Für Lisa sind Kirschen wegen ihrer betörenden Süße ein Leckerbissen.
2. Als sie gestern im Nachbargarten einige Kirschen naschte, wurde sie dabei leider von Nachbar Prügelmeister entdeckt.
3. Vor Angst rannte sie wie vom Teufel gejagt weg.
4. Wegen seiner Freundschaft mit Lisa stieg Lukas auf den Baum.
5. Er pflückte voller Eifer einen Korb Kirschen für Lisa.
6. Lisa umarmte Lukas aus Dankbarkeit und aß genussvoll ihre Lieblingsfrüchte.

92 Ein Gebäude durfte normalerweise nicht von jedem betreten werden. Aus verschiedenen Gründen war es gut bewacht. Trotz vieler Sicherheitsvorkehrungen gelangte ein Einbrecher mühelos hinein. Er blieb lange in dem Haus. Später verließ er es. Wieder wurde kein Alarm ausgelöst. Hätte er früher versucht zu gehen, so wäre ihm das nicht geglückt.
An welchem Ort war dieser Einbrecher?

Der Einbrecher war dort, wo er seine verdiente Strafe abzusitzen hatte: **im Gefängnis.**

93 Es gibt mehrere Möglichkeiten:

Zuerst ein **alter** Mann, dann ein **junges** (**kleines, blondes**) Mädchen, dann ein **großer** (**junger**), **schlanker** Mann, zuletzt eine **dicke** (**alte**, **runde**) Frau.

94 **adjektivisch**: Der Mann trägt eine **karierte** Jacke und hat **lange**, **schwarze** Haare.

mit Präposition: Er hat eine Krawatte **mit Querstreifen**, eine Schirmmütze **mit Punkten**.

mit Genitiv: Die Farbe **der Schuhe (der Tasche)** war braun, und die Farbe **des Mantels (der Jacke)** war beige.

95 Es ist zum Verzweifeln. Da war Blümel von der Kripo dem Hosenknopf wirklich dicht auf sämtlichen Fersen. Und die Spur des Gauners führte nun mal direkt in den Bahnhof der Stadt. Und somit ist die scharfsinnige Frage berechtigt: Will der flüchtende Hosenknopf sich etwa mit dem Zug nach Hamburg aus dem Staub machen? Die Untersuchung des Zuges ergab nichts. Keine winzige Maus hätte sich vor Blümel verstecken können. Jeremias aus der Unterwelt bleibt verschwunden. Ein Rätsel.

adjektivisches Attribut	Genitiv-Attribut	präpositionales Attribut
sämtlichen, scharfsinnige, flüchtende (= Partizip), winzige	des Gauners, der Stadt, des Zuges	von der Kripo, nach Hamburg, aus der Unterwelt

96 Der Gauner unternimmt einen kühnen Fluchtversuch.
Umstellung: Einen kühnen Fluchtversuch unternimmt der Gauner.

Die Spur des Gauners verliert sich in einer Konditorei.
Umstellung: In einer Konditorei verliert sich die Spur des Gauners.

Hosenknopf mit der Spürnase gibt der Polizei Hinweise.
Umstellung: Der Polizei gibt Hosenknopf mit der Spürnase Hinweise.

97 Moritz: Diese Ente ist besonders schön.

Blümel: Nein, für mich ist das ein Hase, und zwar ein ausgesprochen netter.

Moritz: Völlig falsch, Herr Kommissar.
Blümel: Du musst zugeben, ich täusche mich selten.
Moritz: Das bestreite ich doch gar nicht. Doch hier handelt es sich um eine typische optische Täuschung

Blümel: Ja, sehr typisch.

98 Schließlich konnte Blümel mit Hilfe von Tommys ~~halbwegs~~ **genauen** Beschreibungen ein ~~einigermaßen~~ **erkennbares** Computerbild des Gauners anfertigen. Der übereifrige Kommissar wollte schließlich den Täter ~~möglichst~~ **bald** hinter Schloss und Riegel bringen. Eigentlich hätte der ~~längst~~ **urlaubsreife** Blümel ~~spätestens~~ **heute** Ferien machen wollen.
Ja, er hatte sich das ~~ganz~~ **anders** vorgestellt.

99 Das Problem eines Bauern ist ziemlich groß: Er soll das Schaf des Nachbarn, einen Blumenkohl aus seinem Garten und einen gefangenen Wolf absolut sicher über einen Fluss bringen. Blumenkohl, Schaf und Wolf müssen völlig unbeschädigt das Ufer jenseits erreichen. Leider passt in das Boot immer nur eines der Transportgüter. Während der Anwesenheit des Bauern besteht keine Gefahr für Schaf und Blumenkohl. Ohne Beaufsichtigung würde der Wolf ziemlich schnell das Schaf oder das Schaf den Blumenkohl gefressen haben, je nachdem. Wie kann der Bauer seine Aufgabe lösen?

Lösung: Der Bauer überquert den Fluss zuerst mit dem Schaf, fährt allein zurück und holt den Blumenkohl. Zusammen mit dem Schaf fährt er wieder zurück und lässt es am Ufer, während er mit dem Wolf übersetzt und ihn mit dem Blumenkohl zurücklässt. Zuletzt holt er das Schaf.

100 Wir wissen aufgrund von Untersuchungen, dass Jugendliche mehr lesen als ihre Eltern, allerdings nicht alle. In Hessen wurde deshalb ein einmaliges Projekt ins Leben gerufen: Straffällige Jugendliche werden zum Lesen verurteilt. Im Gespräch mit einer Zeitung sagt ein Richter, dass Bücher junge Ersttäter dazu bringen sollen, über ihr Verhalten nachzudenken.

101 Ehe der Richter einen Betroffenen zum Lesen „verurteilt", redet er mit ihm. Er macht sich vom Angeklagten ein genaueres Bild. Kann er überhaupt ein Buch lesen und es verstehen? Wer sich nicht für Bücher interessiert, ist deshalb ungeeignet. Oft empfinden junge Menschen Lesen als unangenehme Strafe. Nach der Lektüre müssen die Jugendlichen den Inhalt zusammenfassen. Die Verpflichtung zum Lesen entspricht gemeinnütziger Arbeit.

102 Laura und Paul beschäftigen sich gerne mit Büchern (**PO**).
An Sommernachmittagen sitzen sie im Baumschatten (**AB**) und lesen.
Wenn sie lesen, verzichten sie gerne auf das Fernsehen (**PO**).
Eine nette Lektüre vor dem Einschlafen (**A**) verbessert ihren Schlaf.
Schöne Stellen in Büchern (**A**) lesen sich Laura und Paul gegenseitig vor.
Oft müssen sie nach dem Vorlesen (**AB**) herzlich lachen.
Die Stunden mit Büchern (**A**) haben ihnen schon viel Freude gemacht.

103
1. Zärtlich **liebte** Orpheus seine Frau Eurydike.
2. Beider Glück **dauerte** nur kurze Zeit.
3. Einmal **spielte** Eurydike mit ihren Freundinnen auf der Wiese.
4. Eine giftige Schlange **biss** die junge Frau.
5. Orpheus' geliebte Eurydike **starb** in den Armen ihrer Gespielinnen.

104 Orpheus wollte Eurydike wiederhaben **und** er fasste einen kühnen Entschluss. Er stieg hinab ins Reich der ewigen Finsternis, **denn** er wollte dort um die Rückgabe der Geliebten bitten. Schaurig umschwebten ihn die Schatten der Toten, **aber (doch)** er ging seinen Weg bis zum Thron des bleichen Totengottes und seiner strengen Frau. Orpheus ergriff seine Leier **und** herzerweichend sang er dem finsteren Königspaar von seinen unerträglichen Schmerzen. „Ich habe alles versucht, **doch (aber)** ich kann ohne Eurydike nicht sein. Euch bitte ich um ihr früh verlorenes Leben, **denn** ihr allein könnt es mir und ihr noch einmal schenken."

105 Als Orpheus die Saiten seiner Harfe bewegte, lauschten und weinten die blutlosen Schatten der Unterwelt. Selbst die furchtbaren Rachegöttinnen wurden gerührt und Tränen flossen über ihre Wangen. Weil die sanften Klagetöne auch das düstere Herrscherpaar bewegt hatten, rief es den Schatten Eurydikes. „Du kannst sie mit dir nehmen, sie wird dir zurück ins Leben folgen. Aber du darfst dich nicht nach ihr umdrehen, bis ihr die Unterwelt verlassen habt. Für immer verlierst du sie, wenn du sie nur einmal ansiehst."

106 ... Plötzlich ergriff Orpheus eine tiefe Sehnsucht, **denn** er hielt die furchtbare Stille um sich nicht mehr aus. Er blieb stehen, **damit/sodass** er wenigstens das Atmen der Geliebten hören konnte. **Weil/da** er keinen Laut vernahm, wuchs seine Sehnsucht ins Unermessliche. Angst und Liebe überwältigten ihn **und** er drehte sich nach Eurydike um.

107
2. … **während** sie seinen Blicken entschwand.
3. … **da** Orpheus das Gebot nicht beachtet hatte.
4. … **ehe** er in die Unterwelt zurückstürzte.
5. … **obwohl** er ihn unter Tränen darum bat.
6. … **bis** er aufgab.
7. … **weil** sie sich niemals zweimal erweichen lassen.

108 Sie hassten den Sänger, **der** seit Eurydikes Tod keine Frau mehr ansah. „Da ist er, **dessen** Hochmut uns verachtet." Wütend stürzten sie sich auf ihn, **den** sie schon vorher mit Steinen beworfen hatten. Noch schützten ihn die Tiere, **die** seinem Gesang gelauscht hatten. Doch dann flohen sie vor den Frauen, **deren** Wutgeheul seinen Gesang erstickte. Zuletzt traf ein Stein Orpheus' Schläfe, **die** ungeschützt war. Der göttliche Sänger, **den** seine Seele verließ, sank nieder ins Gras.

109 Sobald die wilden Frauen verschwunden waren, kehrten die Vögel schluchzend zurück. Die Nymphen der Quellen und Bäume hüllten sich in schwarze Gewänder, weil sie Orpheus verloren hatten. Sie begruben seine geschundenen Glieder, die auf der Erde lagen. Das Haupt aber und die Leier übergaben sie dem Fluss, der sie bis ins Meer trug. Ins Rauschen des Wassers mischte sich ein leises Klagen, dem die Ufer wehmütig antworteten. Das Meer brachte das Haupt bis zur Insel Lesbos, deren Bewohner es bestatteten. Als die Leier das Ufer erreicht hatte, hängten sie sie im Tempel auf. Und die Nachtigallen, die das Grab des Sängers ehren wollen, singen seitdem auf dieser Insel lieblicher als auf anderen.

110

1. Seine Seele schwebte hinab ins Schattenreich, **sobald sie Orpheus verlassen hatte.**

   Seine Seele schwebte, **sobald sie Orpheus verlassen hatte**, hinab ins Schattenreich.

2. Dort fand Orpheus die Geliebte für immer wieder, **nachdem er sie zweimal verloren hatte**.

   Nachdem er sie zweimal verloren hatte, fand Orpheus dort die Geliebte für immer wieder.

111 2. Der Oberst Bertram Rantzau zu Ascheberg kaufte ihn, als er im Brandenburgischen unterwegs war.

3. Damit aus ihm ein rechter Christ wurde, ließ der Oberst ihn in Kiel auf den Namen Christian Gottlieb taufen.

4. Ein kluger Mensch konnte er nur werden, sofern er besten Unterricht erhielt.

5. Dies erreichte Bertram Rantzau, indem er den Jungen auf die Schulbank setzte.

6. Sobald Christian seine Ausbildung abgeschlossen hatte, ernannte der Oberst ihn zu seinem Feldtrompeter.

7. Er schätzte Christian sehr, da dieser ihm in seinen Schlachten immer treu zur Seite stand.

Temporalsatz (T)	Kausalsatz (K)	Modalsatz (M)	Finalsatz (F)	Konditionalsatz (Ko)
1, **2, 6**	**7**	**5**	**3**	**4**

112 … **Weil** sie froren, nahmen sie die Abkürzung über den eisbedeckten See. **Als** (**nachdem**) sie das andere Ufer erreicht hatten, sahen sie eine schreiende Menschengruppe. An einer eisfreien Stelle kämpfte ein junger Mann um sein Leben, **während** die Umstehenden hilflos zusehen mussten. Christian konnte dem Ertrinkenden nur helfen, **wenn** er selbst in das eiskalte Wasser sprang. Den bereits Untergetauchten zog er, **indem** er ihn am Kopf packte, an die Wasseroberfläche. Er schwamm an den Rand des Eises, **damit** andere den Mann sowie ihn selbst herausziehen konnten. **Nachdem** (**als**) die Rettung geglückt war, jubelten alle vor Freude. Den Geretteten (zufällig der Sohn des Bürgermeisters) brachte man nach Hause, **wo** er dank ärztlicher Hilfe das eiskalte Bad überlebte.

Vielleicht hast du diese Lösung gefunden: **Lokalsatz** (Ort).

113 Der Bürgermeister bat Christian zu einem Festessen, um ihm für die Rettung zu danken. Der Afrikaner kam gerne, da es für ihn eine große Ehre bedeutete. Der Bürgermeister hatte ein Töchterchen, das Gertrud hieß. Weil sie hübsch aussah, verliebte Christian sich augenblicklich in sie. Ein kleines Wunder war, dass auch Gertrud Christian mochte.

(Bei „sich verlieben" handelt es sich um ein reflexives Verb. Das Reflexivpronomen kann nicht durch ein Objekt ersetzt werden. Es ist fester Bestandteil des Verbs.)

114
1. Damit er Gertrud begegnen konnte, kam Christian immer öfter nach Plön.
2. Wenn sich ihre Blicke trafen, errötete das Mädchen.
3. Als die Mutter das bemerkte, nahm sie ihrer Tochter jede Hoffnung.
4. Ihre Liebe sei aussichtslos, denn Christian bleibe ein schwarzer Mann.
5. Das einst fröhliche Mädchen wurde immer stiller[,] und schließlich wurde es vor Traurigkeit krank.
6. Die Mutter liebte ihr Kind, sie gab nach, sie segnete den Bund.
7. Eine Magd, die hinter der Tür gelauscht hatte, erzählte alles den Nachbarn.
8. Bald wusste die halbe Stadt, was im Haus des Bürgermeisters vorging.

Satzreihe:	Satzgefüge:
4, 5, 6	**1, 2, 3, 7, 8**

115
2. Eines Tages stürmte Joachim in das Haus des Bürgermeisters, **und** er beschimpfte das Mädchen als „Mohrenteufel". (**Satzreihe**)
3. Er zog seinen Degen, **aber** (**doch**) die Mutter trat mutig dazwischen. (**Satzreihe**)
4. Joachim hatte keinen Erfolg, **weil** (**da**) sich der Herzog Hans Adolf für die Liebenden einsetzte. (**Satzgefüge mit Kausalsatz**)
5. Und Bertram Rantzau war ein „moderner" Mann, **der** Christian aus der Leibeigenschaft entließ. (**Satzgefüge mit Relativsatz**)
6. Er vermachte ihm ein Säckchen mit 500 Talern und eine Mühle, **damit (sodass)** der Weg zur Hochzeit frei wurde. (**Satzgefüge mit Finalsatz**)

59 Unterstreiche im folgenden Text **11** Indefinitpronomen.

Klage eines armen Schweins: Ich bin hier seit meiner Geburt gefangen. Man hat mich eingesperrt und niemand befreit mich aus diesem schrecklichen Gefängnis. Hier geht es allen gleich. Was für eine Enge! Das hält keiner aus. Aber interessiert das jemanden? Ziemlich viele von uns sind aggressiv geworden und gehen auf andere los. Jeder, bei dem wir später auf dem Teller landen, sollte uns vorher besuchen. Ich denke, dass manchen der Appetit vergehen würde. Doch inzwischen gibt es etliche Menschen, denen unser Schicksal nicht gleichgültig ist. Nicht wenige verzichten inzwischen auf Fleisch.

4. **Relativpronomen** (bezügliches Fürwort)

Relativpronomen leiten einen **Nebensatz** (genauer: einen **Relativsatz**) ein. Sie stehen oft zusammen mit einer **Präposition**:

Ich sah einen Film, **der** mir sehr gut gefiel.
Er lief in dem Kino, **in das** ich am liebsten gehe.
Hauptsatz — Relativsatz (mehr dazu auf Seite 81)

Relativpronomen beziehen sich auf ein **Nomen** oder **Pronomen** im Hauptsatz. Mit diesen stimmen sie jeweils in **Genus** und **Numerus** überein:

Ich erzählte davon meiner **Schwester**, **die** mir interessiert zuhörte.
Dann ging ich zu meinem **Bruder**, **der** mir aber nicht zuhören wollte.

Relativsätze teilen etwas über das jeweilige **Nomen** bzw. **Pronomen** mit.

Auch **Relativpronomen** werden dekliniert. Beispiel:	
Nominativ	Ein Autofahrer, **der** uns überholt hatte, kam ins Schleudern.
Genitiv	Mein Papa, **dessen** Fahrkunst ich bewundere, bremste scharf.
Dativ	Der andere Fahrer, **dem** es gelang anzuhalten, stieg aus.
Akkusativ	Der Schweiß, **den** er sich von der Stirn wischte, verriet seine durchgestandene Angst.

60 Unterstreiche weitere **8** Relativpronomen.
Unterstreiche auch die Nomen, auf die sie sich beziehen.

Meine Katze, die Penelope heißt, ist eine Feinschmeckerin. Heute bekommt sie Rehfleisch, das sie am liebsten mag. Penelope, die gesund bleiben soll, wird gut ernährt. Auf dem Speiseplan steht zuerst Fleisch, das sie roh verzehrt. (Eigentlich wären kleine Nagetiere, von denen sich ihre wilden Verwandten ernähren, ihre natürliche Nahrung.) Ich achte auf eine ausgewogene Ernährung, zu der auch Reis, Gemüse, Haferflocken und gekochte Kartoffeln gehören. Die Kohlenhydrate, die in diesen Speisen enthalten sind, kann die Katze in gekochter Form besser verdauen. Nahrung, die ihr nicht schmeckt, lässt Penelope einfach stehen. Penelope, deren Fell seidig und glänzend aussieht, ist gesund.

Die **Relativpronomen** *welcher*, *welche* und *welches* sollten nur ausnahmsweise verwendet werden. Sie sind weniger gebräuchlich:

Ich sah einen **Film**, **welcher** (besser: der) mir sehr gut gefiel.

Ich erzählte davon meiner **Schwester**, **welche** (besser: die) mir interessiert zuhörte.

Sinnvoll ist ihr Einsatz, wenn sich mit ihrer Hilfe **Wortwiederholungen vermeiden** lassen:

Nicht gut:	Ich suchte das Kind, **das das** Bild gemalt hatte.
Besser:	Ich suchte das Kind, **welches das** Bild gemalt hatte.

61 Verwende *welcher, welche, welches* dann, wenn es **sinnvoll** ist. Verwende die richtige Form.

welche

Ich beobachtete die Katze, ~~die~~ die Maus gefangen hatte. Das arme Mäuschen, das das grausame Spiel erdulden musste, tat mir so leid. Da kam der Grundbesitzer, ein Mensch, der Katzen nicht mag. Er stürzte auf die Katze los, die die Flucht ergriff und ihr Opfer fallen ließ. Das kleine Tierchen, das das Unglück überlebt hatte, verschwand sofort. Ich erzählte das Erlebnis einem Freund, und zwar dem, dem ich alles anvertraue.

Das **Relativpronomen *was*** bezieht sich entweder auf einen **ganzen Satz**, auf **Pronomen** wie *alles, etwas, dasjenige* usw. oder auf einen **nominalisierten** sächlichen **Superlativ** (Höchstform der Steigerung eines Adjektivs).

ganzer Satz:	**Der Film hat ihr gefallen**, **was** ich nicht verstehe.
Pronomen:	Sie erzählte mir **alles**, **was** sie spannend fand.
nominalisierter Superlativ:	Es war **das Langweiligste**, **was** ich mir denken kann.

62 Schreibe die richtigen **Relativpronomen** in die Lücken.

Mein Bruder mag Tiere nicht, ________ mich ziemlich ärgert. Die Liebe zu Tieren ist doch das Schönste, ________ man sich vorstellen kann. Neulich sah ich das liebste Kälbchen, ________ ich je gesehen habe. Ich kenne viele Leute, ________ Tiere so gerne haben wie Freunde. Aber das ist nun etwas, ________ ich auch nicht verstehe, vor allem dann, wenn diese Leute Fleischesser sind.

5. **Demonstrativpronomen** (hinweisendes Fürwort)

Demonstrativpronomen weisen auf **Lebewesen**, **Dinge** oder **Sachverhalte** hin:

Dies ist einer meiner Brüder. Es ist **der**, von dem ich dir erzählt habe.

Kennst du das Buch? Nein, von **dem** habe ich noch nichts gehört.

Diese Erzählung finde ich nicht so spannend, aber **jene** schon.

Demonstrativpronomen können **dekliniert** werden und sich mit einem **Nomen** verbinden:

Dem glaube ich nichts.

Dessen **Aussagen** sind für mich wertlos.

Das ist **derjenige** **Junge**, der **dieses** **Märchen** erfunden hat.

Wichtige **Demonstrativpronomen**:
dieser, diese, dieses, jener, jene, jenes, solcher, solche, solches, derjenige, diejenige, dasjenige, derselbe, dieselbe, dasselbe, der, die, das

63 Unterstreiche **9** Demonstrativpronomen.

heute – niemand – derselbe – jemand – wer – jener – meine – dem – den – mancher – dasselbe – kein – dasjenige – unser – er – jenes – jeder – viele – dessen – nichts – unser – solche – wir

64 Unterstreiche die restlichen **8** Demonstrativpronomen.

Katja, Rosa und Jana haben wie üblich dieselbe Auseinandersetzung: „Immer muss alles nach deinem Kopf gehen!“, schimpft Katja mit Rosa. „Das stimmt doch gar nicht“, entgegnet diese. Katja: „Doch. Neulich im Kino sahen wir deinen Wunschfilm!“ „Ja, weil wir keine Karten bekamen für denjenigen, den du sehen wolltest!“ Jetzt sind die beiden aber böse aufeinander, und wieder einmal ist Jana diejenige, die ihren Zorn besänftigen soll: „Jetzt sag doch du auch mal was!“ „Immer dasselbe“, denkt Jana, „jetzt soll ich das wieder in Ordnung bringen. Solche Freundinnen sind ziemlich anstrengend.“ Zu Katja und Rosa sagt sie: „Wisst ihr was? Ihr habt diesen Streit angefangen, dann könnt ihr ihn auch wieder beenden.“ Jana dreht sich um und geht. Rosa und Katja sind platt.

Zwischentest zu den **Pronomen**

65 ▸ Schreibe passende **Pronomen** in die Lücken der Fabel.

▸ Ordne sie in die Tabelle unten ein.

Der Wind sagte zur Sonne: „Wer ist stärker, **ich** oder **d**__?“ Sie überlegten, wie sich ____ herausfinden ließe. Da kam **i**_____ ein Junge, der eben auf der Straße ging, gerade recht. ____ vereinbarten, dass **derj**______ der Stärkere sein sollte, ____ den Jungen dazu brächte, ______ Jacke abzulegen. Der Wind brauste sogleich los. **N**_______ kann sich vorstellen, wie es dem Jungen, **wel**_____ der Wut des Sturmes hilflos ausgesetzt war, erging. Er wickelte sich immer fester in die Jacke und überlegte, wie ___ sich retten könnte. Da entdeckte er eine große Eiche. Sie hatte einen mächtigen Stamm. **D**______ Windschatten bot dem Armen schließlich Schutz. Der Wind gab auf, und nun sandte die Sonne kraftvoll _____ Strahlen zur Erde. Es wurde heiß, **w**___ den Jungen veranlasste, die Jackenknöpfe zu öffnen. Bei **ei**______ gelang **di**___ nicht sogleich, aber bald waren **a**____ offen. Der Junge zog die Jacke aus, und die Sonne freute sich über ______ Sieg. Merke: Milde und Freundlichkeit wirken oft mehr als Härte und Strenge.

Personal-pronomen	Possessiv-pronomen	Indefinit-pronomen	Demonstrativ-pronomen	Relativ-pronomen
ich,				

Satzglieder als **Bausteine** des **Satzes**

Mehr zu Satzarten und Satzgliedern findest du in unserer Hauschka-Lernhilfe Grammatik 214.

Sätze kann man **umstellen** („Umstellprobe"):

Der neue Fall bereitet Hauptkommissar Blümel Schwierigkeiten.
Schwierigkeiten bereitet Hauptkommissar Blümel der neue Fall.
Hauptkommissar Blümel bereitet der neue Fall Schwierigkeiten.
Bereitet der neue Fall Hauptkommissar Blümel Schwierigkeiten?

Dabei werden manche Wörter **einzeln**, manche nur **gemeinsam** umgestellt:

Der neue Fall bereitet Hauptkommissar Blümel Schwierigkeiten.
Schwierigkeiten bereitet Hauptkommissar Blümel der neue Fall.
Hauptkommissar Blümel bereitet der neue Fall Schwierigkeiten.
Bereitet der neue Fall Hauptkommissar Blümel Schwierigkeiten?

Was man umstellen kann, egal ob einzeln oder gemeinsam, ist ein **Satzglied**. Unser Satz hat folglich **vier** Satzglieder:

1. Satzglied:	**2. Satzglied:**	**3. Satzglied:**	**4. Satzglied:**
Der neue Fall	bereitet	Hauptkommissar Blümel	Schwierigkeiten.

Mit Hilfe der **Umstellprobe** findet man die **Satzglieder** eines Satzes.

66 Stelle den folgenden Satz **zweimal** um (mit Fragesatz).

Der Kommissar informiert den Staatsanwalt.

Der Staatsanwalt wird informirt

Der Stadtsanwalt informirt der Komisar

67 Finde bei den folgenden Sätzen die Satzglieder heraus, indem du zuerst **mündlich** umstellst. **Trenne** dann die Satzglieder durch rote Striche (|) voneinander.

1. Blümel | jagt | einen schlauen Dieb.
2. Der Unbekannte macht in der Stadt große Beute.
3. Am helllichten Tag klaut er immer wieder aus Wohnungen wertvolles Gut.

Satzglieder sind die **Bausteine** von Sätzen. Sie unterscheiden sich voneinander durch die **verschiedenen** Wortarten, aus denen sie gebildet werden:

Die **Satzgliedebene** des folgenden Satzes enthält **drei** Satzglieder:	**1.** Satzglied		**2.** Satzglied	**3.** Satzglied
Dies ist der **Satz**:	**Der Kommissar**		**jagt**	**ihn**.
Die **Wortebene** besteht aber aus **vier** Wortarten:	Artikel	Nomen	Verb	Pronomen

Wenn man Satzglieder umstellt, ändert sich der **Sinn** eines Satzes **nicht**.

68 Bestimme die **Wortarten** im folgenden Satz (dies betrifft die Wortebene).

Der ↓ ______ Kommissar ↓ ______ liebt ↓ ______ seine ↓ ______ Arbeit. ↓ ______

69 Trenne die **Satzglieder** durch rote Striche (dies betrifft die Satzebene).

Der Kommissar | liebt | seine Arbeit.

70 ▸ Trenne zuerst die **Satzglieder** im folgenden Satz durch rote Striche.

▸ Bestimme anschließend die **Wortarten** der einzelnen Wörter.

Schließlich | beantragt | Blümel | Unterstützung | bei seinen Ermittlungen.

Adverb, Verb, Nomen, Nomen, Pronomen, Possessivpronomen, Nomen

Prädikat (Satzaussage)

Das Satzglied **Prädikat** (Satzaussage) bildet den **Kern** des Satzes, um den herum sich die anderen Satzglieder gruppieren. Es **sagt aus**, was jemand **tut** oder was **geschieht**.

Es wird immer von der Wortart **Verb** gebildet und steht im **Aussagesatz** an **zweiter** Stelle:

Leo **stellt** seinen Freunden eine Geschicklichkeitsaufgabe.

Seine Freunde **finden** keine Lösung.

Beim **Fragesatz** wandert das **Prädikat** von der zweiten an die **erste** Stelle:

Finden	sie	keine Lösung?
1. Stelle	2. Stelle	3. Stelle

Mit diesen Fragen findest du das Prädikat heraus:
Was **geschieht**, was ist **ausgesagt**, was **tut** jemand?

Dies ist Leos Aufgabe: Man hänge zwei Büroklammern wie Ringe einer Kette ineinander. Man darf dabei immer nur eine Klammer mit den Händen oder mit einem Werkzeug berühren.

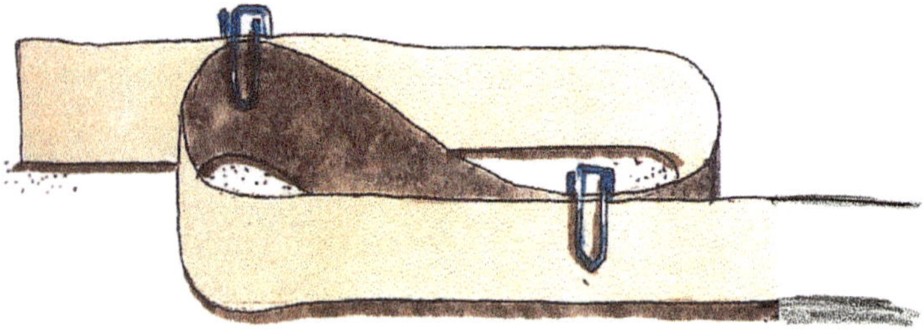

71 Unterstreiche in jedem Satz das Prädikat.

Leo nimmt einen Papierstreifen (30 x 5 cm). Er befestigt zwei Büroklammern. Siehst du es auf der Zeichnung? Nun zieht er gleichzeitig an den beiden Enden des Streifens. Die beiden Klammern fliegen in hohem Bogen auf den Tisch. Sie bilden eine kurze Kette. Gelingt der Versuch immer?

72 Bilde mit den folgenden Satzgliedern jeweils einen vollständigen Satz. Unterstreiche in jedem Satz das Prädikat.

Julius / versuchen / Leos Trick. → Julius versucht Leos Trick.

Er / gelingen / ihm / nicht. → Er gelingt ihm nicht

Er / probieren / es / immer wieder. → Er probiert es immer wieder

Zuletzt / haben / er / Erfolg. → Zuletzt hat er Erfolg

Zweiteiliges Prädikat (zweiteilige Satzaussage)

Häufig besteht das **Prädikat** (Satzaussage) aus **zwei** Wörtern:		
bei **Verben** mit **Präfixen** (Vorsilben):		
a)	Simon **lädt** seine Freunde **ein**. Die Kinder **geben** bald **auf**.	→ **Infinitiv**: einladen → **Infinitiv**: aufgeben
in Verbindung mit Hilfsverben:		
b)	Marc **hat** seine Freunde **eingeladen**. Seine Katze **ist** gestern **weggelaufen**.	→ **Perfekt** → **Perfekt**
c)	Marc **wird** seine Freunde **einladen**.	→ **Futur I**
d)	Sarah **kann** die Aufgabe **lösen**. Anna **darf** ins Kino **gehen**. Manuel **soll** das Fenster **öffnen**. Niklas **muss** Hausaufgaben **machen**. Marcel **will** ins Stadion **gehen**.	→ **Hilfsverb** → **Hilfsverb** → **Hilfsverb** → **Hilfsverb** → **Hilfsverb**

73 Unterstreiche die zweiteiligen Prädikate.

Den Sommer werden wir in Dänemark verbringen. Vielleicht darf ich einen Segelkurs machen. Dafür muss ich aber in Deutsch im Zeugnis eine Zwei bekommen. Mit etwas Glück kann ich es schaffen. Deshalb habe ich in der letzten Zeit viel gearbeitet. Meinen Vater hat das sehr gefreut. Jetzt schlage ich den Atlas auf. Ich möchte unbedingt unseren Urlaubsort finden. Das wird eine lange Autofahrt werden. Ich werde einfach während der Fahrt lesen. Aber jetzt nehme ich mir erst einmal meine Arbeit vor.

Subjekt (Satzgegenstand)

Das **Subjekt** (Satzgegenstand) ist ein Satzglied, über welches das **Prädikat** (Satzaussage) etwas aussagt. Es steht immer im **Nominativ** (1. Fall) und bildet mit dem Prädikat eine Einheit:

Christoph Kolumbus entdeckte den amerikanischen Kontinent.
Seine abenteuerliche Schiffsreise **kennt jedes Kind**.

Das **Subjekt** lässt sich mit **wer**? (bei Personen) oder **was**? (bei Sachen) erfragen.

74 Kannst du die Namen richtig in die Lücken einsetzen?

Anne Frank – Karl May – Martin Luther – Astrid Lindgren

1. **Wer** oder was hat die Figur Pippi Langstrumpf erfunden?

→ ____________________ hat die Figur Pippi Langstrumpf erfunden.

2. **Wer** oder was schrieb von 1942 bis 1944 in einem Versteck ein heute weltberühmtes Tagebuch?

→ 1942 bis 1944 schrieb ____________________ in einem Versteck ein heute weltberühmtes Tagebuch.

3. **Wer** oder was übersetzte die Bibel ins Deutsche?

→ Die Bibel übersetzte ____________________ ins Deutsche.

4. **Wer** oder was schrieb die drei Bände Winnetou?

→ ____________________ schrieb die drei Bände Winnetou.

▸ Unterstreiche nun in den vier Antwortsätzen jeweils das Subjekt blau und das Prädikat rot.

75 Unterstreiche jeweils das Subjekt blau und das Prädikat rot.

Kolumbus wurde wahrscheinlich 1451 in Genua geboren. Nach eigenen Aussagen fuhr er schon mit 14 Jahren zur See. Der Sohn des Kolumbus berichtet uns von einem Grundstudium des Vaters an der Universität von Pavia. Immerhin kannte sich der spätere Seefahrer sehr gut in Latein und Mathematik aus. Aus politischen Gründen musste die Familie 1461 die Heimat verlassen. Als junger Mann kämpfte Kolumbus als Pirat in einem Krieg um Süditalien.

Objekt (Satzergänzung)

Schon mit **Subjekt** und **Prädikat** allein lassen sich **vollständige** Sätze bilden:

Meine Schwester singt.

Meistens werden Subjekt und Prädikat durch ein **Objekt** ergänzt, das mitteilt, auf welche **Person** oder **Sache** sich ein Geschehen richtet:

Meine Schwester singt **ein Lied**.

Das **Akkusativobjekt** (Satzergänzung im 4. Fall) erfährt man auf die Frage: Wen oder **was** singt meine Schwester? → **ein Lied**

Meine Schwester singt **unserem kleinen Bruder** ein Lied.

Das **Dativobjekt** (Satzergänzung im 3. Fall) erfährt man auf die Frage: **Wem** singt meine Schwester ein Lied? → **unserem kleinen Bruder**

Bist du schon einmal einem Mohawk begegnet? Wohl kaum. Mohawk sind Indianer. Es gibt noch 35.000 und die leben in kanadischen Reservaten. Vor langer Zeit waren sie die Herren riesiger Wälder, Flüsse und Seen – bis die Einwanderer aus Europa sie vertrieben.

76 ▸ Schreibe auf, mit welchen Fragewörtern man nach den unterstrichenen Satzgliedern fragt.

Vermutlich werden wir niemals einem Mohawk begegnen.
Diese Indianer wird man auch kaum finden.
Man sollte ihre Geschichte vielen Leuten erzählen.

W______ werden wir vermutlich niemals begegnen?

________ wird man auch kaum finden?

________ sollte man vielen Leuten erzählen?

________ sollte man ihre Geschichte erzählen?

▸ Unterstreiche nun das Dativobjekt (= 3. Fall) grün, das Akkusativobjekt (= 4. Fall) orange.

Vermutlich werden wir niemals einem Mohawk begegnen.

Diese Indianer wird man auch kaum finden.

Man sollte ihre Geschichte vielen Leuten erzählen.

77 Frage zuerst **mündlich** nach den unterstrichenen Satzgliedern. Gib in der Klammer an, in welchem **Fall** sie jeweils stehen.

Nur wenige Mohawk (________________) haben überlebt. Aber diese Letzten (________________) sucht man in Amerika besonders. Denn New York verdankt ihnen (____________) seine Hochhäuser (_______________). Vom 20. Stockwerk an ziehen die Mohawk (________________) seit 100 Jahren die Wolkenkratzer (________________) hoch.

78 ▸ Setze die **Satzteile** aus dem Wortspeicher passend und in der **richtigen** Form in die Leerstellen unten ein.

eine falsche Bewegung – der Abgrund – das Ende – 20-Tonnen-Säulen – ~~Schwindelfreiheit~~ – Angst

„Sie haben Schwindelfreiheit geerbt", behaupten die Leute. Auch Mohawk haben ____________, wenn sie in schwindelnder Höhe ungesichert über schmale Stahlträger laufen. Sie sind immer ________________ ausgesetzt, wenn sie bei Eiseskälte oder Sommerhitze ___________________ millimetergenau platzieren. Schon ____ kann __________________ bedeuten.

▸ Unterstreiche die eingesetzten Satzteile entsprechend: Subjekt blau, Dativobjekt grün oder Akkusativobjekt orange.

79 ▸ Bilde aus den Stichwörtern Sätze.

▸ Unterstreiche das Prädikat rot, das Subjekt blau, das Dativobjekt grün und das Akkusativobjekt orange.

1. diese gefährliche Arbeit – die Mohawk – warum – machen?

Warum machen die Mohawk diese gefährliche Arbeit?

2. lieben – gefährliche und anstrengende Arbeit – sie

____

3. das Abenteuer – suchen – Indianer

____

4. opfern – dem Geld – ihre Sicherheit – sie

____

Das **Genitivobjekt** (Satzergänzung im 2. Fall) wird selten verwendet:

Bei der Abstimmung enthielten sich viele Abgeordnete **ihrer Stimme**.

Nach dem **Genitivobjekt** fragt man:
Wessen enthielten sich viele Abgeordnete? → **ihrer Stimme**

80 Unterstreiche jeweils das Genitivobjekt.

Als kanadische Ingenieure 1886 eine Brücke über den Sankt-Lorenz-Strom bauten, waren sie sich der großen Schwierigkeiten dieser Aufgabe bewusst. Deshalb bedienten sie sich junger Indianer, da sie erlebt hatten, wie diese in schwindelnder Höhe auf den Gerüsten herumkletterten. Die Mohawk erfreuen sich heute bei der kanadischen Regierung nicht allzu großer Beliebtheit. Man erinnert sich nur ungern der beinahe kriegerischen Auseinandersetzungen in den Jahren 1970 und 1990. Die Indianer gedenken noch heute der damaligen Opfer. Indianer bedürfen wie alle Naturvölker des besonderen Schutzes. Viele Menschenrechtsorganisationen nehmen sich ihrer an.

Noch ein Wort: Ihre Arbeit macht die Mohawk stolz. Deshalb wollen sie auch keine Pässe von der kanadischen Regierung. Sie sagen: „Wir waren vor euch da."

Präpositionalobjekt (Ergänzung mit Verhältniswort)

Das **Präpositionalobjekt** wird von einem Präpositionalgefüge gebildet. Die **Präposition** des Präpositionalobjekts ist eng mit dem jeweiligen **Verb** verbunden. Diese Präposition kann in der Regel durch **keine andere ersetzt werden**, manchmal allerdings durch eine **bedeutungsgleiche**.

Elias **unterhält sich mit Monika**.
Präpositionalobjekt

Sie **reden über die Schule**.
Präpositionalobjekt

81 Zu jedem **Verb** passt nur **eine** Präposition. Schreibe sie in die Lücke.

Monika **achtet** auf ihre Schrift.

Sie nimmt ______ einem Schreibkurs teil.

Sie konzentriert sich dabei ______ ihre Arbeit.

Elias befasst sich ______ Mathematik.

Er bereitet sich ______ eine Prüfung vor.

Er glaubt ______ seinen Erfolg.

Seine Mutter freut sich ______ Elias' Fleiß.

82 In **4** Sätzen steht ein Präpositionalobjekt, daher passt nur **eine bestimmte** Präposition in die Lücke. In den übrigen Sätzen passen auch andere. Entscheide jeweils, ob nur **eine** Präposition passt oder **mehrere**.

Leon und Sara verabreden sich **vor, b** ____________ dem Theater.

Sara schwärmt **f** ____________ Theateraufführungen.

Leon liegt noch immer ____________ der Couch.

Sara geht ____________ 18 Uhr.

Sie hofft ____________ einen guten Sitzplatz.

Nur wenige Leute stehen ____________ dem Eingang.

Deshalb freut sie sich ____________ ihre guten Chancen.

Leon entschuldigt sich ____________ sein Zuspätkommen.

Das Präpositionalobjekt findet man durch entsprechende **Fragen** heraus. Diese Fragen schließen **immer** die jeweilige **Präposition** mit ein.

- Bei **Lebewesen** fragt man mit **wem**? oder **wen**?:

Lukas unterhält sich **mit Lisa**. Sie warten **auf einen Freund**.
→ **Mit wem** unterhält sich Lukas? → **mit Lisa** (= Präpositionalobjekt)
→ **Auf wen** warten sie? → **auf einen Freund** (= Präpositionalobjekt)

- Bei **Sachen** oder **Sachverhalten** fragt man mit einem **Pronominaladverb** (= **wo**[**r**] + **Präposition**):

Sie reden **über die Schule**. Lisa interessiert sich **für Lukas' Meinung**.
→ **Worüber** reden sie? → **über die Schule** (= Präpositionalobjekt)
→ **Wofür** interessiert sich Lisa? → **für Lukas' Meinung**

83 Schreibe die **Frage** nach dem Präpositionalobjekt in jedem Satz auf. Unterstreiche jeweils das Präpositionalobjekt.

Die Klasse wartet auf die U-Bahn.

Worauf wartet die Klasse?

Lehrer Koch sorgt für seine Schüler.

____

Während der Fahrt bittet ein Kontrolleur um die Fahrausweise.

____

Matthias sucht umsonst nach seiner Fahrkarte.

____

Er fürchtet sich vor dem Kontrolleur.

____

84 Unterstreiche die Präpositionalobjekte, frage vorher danach.

Seine Mitschüler setzen sich für Matthias ein.

Der Kontrolleur lässt sich von ihnen beeinflussen.

Matthias freut sich über den Kontrolleur.

Er dankt ihm für sein Vertrauen.

(Nachtrag: Als er den Zug verlassen hat, findet Matthias die Fahrkarte – in der Jackentasche.)

Zwischentest zum Objekt

85 Unterstreiche in jedem Satz das Objekt und schreibe in die Klammer, um welche Art von Objekt es sich handelt.

(Abkürzungen: Genitivobjekt = GO, Dativobjekt = DO, Akkusativobjekt = AO, Präpositionalobjekt = PO)

1. Spatzen besiedeln nahezu die ganze bewohnbare Welt. (______)
2. Getreidesamen schmecken den Spatzen besonders gut. (______)
3. Friedrich der Große reduzierte deshalb ihr Vorkommen. (______)
4. Doch bald verwüsteten Schädlinge die herrschaftlichen Felder. (______)
5. Spatzen ernähren sich nämlich auch von schädlichen Insekten. (______)
6. Auf Spatzenverfolgungen verzichtete der König von nun an. (______)
7. Jetzt erfreute man sich wieder besserer Ernten. (______)

86 Bestimme, um welche **Objektart** es sich bei den fettgedruckten **Satzgliedern** handelt (Abkürzungen siehe oben). Markiere die Kästchen farbig.

	GO	DO	AO	PO
Dem geselligen Haussperling sind viele Lautäußerungen möglich.	B	K	U	F
So warnt er seine Mitgeschöpfe unmissverständlich **vor Luft- oder Bodenfeinden**.	I	E	L	A
Spatzen erinnern sich **der Alarmrufe von Staren oder Amseln** sehr genau und machen sie nach.	T	H	S	R
Einem Weibchen signalisiert der Haussperling mit leisen, gezogenen und nasalen Lauten **seine Zuneigung**.	E	T	Z	C
Im 18. Jahrhundert war es ein beliebtes Spiel, **gefangenen Vögeln** Lieder beizubringen.	M	E	H	N

▸ Schreibe die Buchstaben der Kästchen auf. Das Lösungswort verrät dir einen „Bodenfeind“ des Spatzen: ____________________

Adverbiale (Umstandsbestimmung)

1. **Temporaladverbiale** (Umstandsbestimmung der Zeit)

Die **adverbiale Bestimmung** (Umstandsbestimmung) bezeichnet die genauen **Umstände** eines Geschehens. Es gibt mehrere Arten:

Die **Temporaladverbiale** (Umstandsbestimmung der **Zeit**) informiert über den **Zeitpunkt** oder die **Dauer** eines Geschehens.
Man erfährt sie auf die Fragen …

Wann?	Die Abfahrt ist **um 10:12**.
Wie lange?	Die Fahrt dauert **sieben Stunden**.
Wie oft?	Lukas und Lisa fahren **selten**.

87 Lukas und Lisa gehen auf die Reise. Sie fahren mit dem Zug nach Hamburg. Gespräch zwischen Lukas und Lisa im Zug:

Lukas: „Jetzt fahren wir schon seit zwei Stunden. Wie langweilig! Und bis Hamburg sind es noch fünf Stunden. Ob ich das aushalte?"

Lisa: „Ach, wir fahren doch nur einmal im Jahr nach Hamburg. Ist das so schlimm?"

▸ Mit diesen Fragen findest du die **Temporaladverbiale** in diesem Gespräch heraus (dazu gehören stets alle Antwort-Wörter!):

seit wann? ______________________________

wie lange (noch)? ______________________________

wie oft? ______________________________

2. **Lokaladverbiale** (Umstandsbestimmung des Ortes)

Die **Lokaladverbiale** (Umstandsbestimmung des **Ortes**) informiert über den **Ort**, die **Richtung** oder die **Herkunft** eines Geschehens. Man fragt:

Wo?	Die Fahrgäste warten **in der Halle**.
Wohin?	Ein Zug fährt **nach Kiel**.
Woher?	Er kommt **aus Köln**.

88 Unterstreiche die beiden adverbialen Bestimmungen des Ortes.

Eine Durchsage: „Auf Gleis 7 steht ein ICE, der nach Hamburg fährt."

89 Während der langen Bahnfahrt unterhält Lisa ihren Lukas mit Rätseln. Unterstreiche die Lokaladverbiale braun, die Temporaladverbiale rot.

Es hängt an der Wand und gibt mir jeden Morgen die Hand. (Badezimmer!)

Lösung: ______________________________

Alle Tage geh ich aus, bleibe dennoch stets zu Haus. (Langsames Tier!)

Lösung: ______________________________

3. **Modaladverbiale** (Umstandsbest. der Art und Weise)

Die **Modaladverbiale** (Umstandsbestimmung der **Art und Weise**) gibt an, auf welche Art und Weise etwas **geschieht** oder sich **ereignet**. Man fragt: **wie**?

Lukas löst **gerne** Rätsel. Um sie zu lösen, denkt er **angestrengt** nach.

90 Unterstreiche im Text **4** Temporaladverbiale rot, **1** Lokaladverbiale braun und **3** Modaladverbiale lila.

Lukas' Nachbarin, die immer Bescheid weiß, erzählt ihm gerade, Lisa habe sich gestern in Nachbars Garten unrechtmäßig saftige Kirschen geholt. Eine böse Tat sei das normalerweise nicht. Sie hätte aber anstandshalber vorher fragen müssen.

4. **Kausaladverbiale** (Umstandsbest. des Grundes)

Die **Kausaladverbiale** (Umstandsbestimmung des **Grundes**) gibt Auskunft über den **Grund** eines Geschehens oder Sachverhalts. Man erfährt sie mit den Fragewörtern **warum**?, **weshalb**?

Lukas hörte der Nachbarin **aus purer Freundlichkeit** zu. **Wegen des Gefühls großer Langeweile** beendete er bald das Gespräch.

91 Unterstreiche die **4** Kausaladverbiale schwarz und zur Übung zusätzlich **4** Modaladverbiale lila.

1. Für Lisa sind Kirschen wegen ihrer betörenden Süße ein Leckerbissen.
2. Als sie gestern im Nachbargarten einige Kirschen naschte, wurde sie dabei leider von Nachbar Prügelmeister entdeckt.
3. Vor Angst rannte sie wie vom Teufel gejagt weg.
4. Wegen seiner Freundschaft mit Lisa stieg Lukas auf den Baum.
5. Er pflückte voller Eifer einen Korb Kirschen für Lisa.
6. Lisa umarmte Lukas aus Dankbarkeit und aß genussvoll ihre Lieblingsfrüchte.

Zwischentest zur Adverbiale

92 Zum Abschluss ein Rätsel, das Lisa ihrem Freund Lukas gestellt hat. Unterstreiche die Adverbialbestimmungen in den bisherigen Farben.

Ein Gebäude durfte normalerweise nicht von jedem betreten werden. Aus verschiedenen Gründen war es gut bewacht. Trotz vieler Sicherheitsvorkehrungen gelangte ein Einbrecher mühelos hinein. Er blieb lange in dem Haus. Später verließ er es. Wieder wurde kein Alarm ausgelöst. Hätte er früher versucht zu gehen, so wäre ihm das nicht geglückt.
An welchem Ort war dieser Einbrecher? ____________________________

Attribut (Beifügung)

Das **Attribut** (Beifügung) bezieht sich in der Regel auf ein **Nomen**, dem es ergänzende **Informationen** zuordnet. Wir unterscheiden drei Arten von Attributen:

1. Das **adjektivische** Attribut:

Der **kluge Kommissar** ermittelt.
Was für ein (welcher) Kommissar ermittelt?
→ der **kluge** (= Adjektiv) Kommissar

ähnlich: das Partizipialattribut:
der **ermittelnde** Kommissar, der **getäuschte** Kommissar (Partizipien)

2. Das **Genitiv**attribut:

Die **Arbeit Blümels** ist wichtig. (auch: **Blümels Arbeit** ist wichtig.)
Was für eine (welche) Arbeit ist wichtig?
→ die Arbeit **Blümels** (= Genitiv) bzw. → **Blümels** (= Genitiv) Arbeit

3. Das **präpositionale** Attribut:

Der **Kommissar mit der Stirnfalte** heißt Blümel.
Was für ein (welcher) Kommissar heißt Blümel?
→ der Kommissar **mit** (= Präposition) **der Stirnfalte**

Die Spur des Jeremias Hosenknopf führt eindeutig zum Bahnhof. Ein kleiner Junge hat gerade den Fahrkartenautomaten verlassen und Blümel befragt ihn, welche Leute denn vor ihm gestanden hätten. Wie wichtig Attribute sind, kannst du an der Personenbeschreibung des Kleinen (er heißt Tommy) erkennen.

Tommy überlegt: „Hm … einen Augenblick …, es waren vier Leute. Zuerst ein Mann, dann ein Mädchen, hm … dann wieder ein Mann und zum Schluss eine Frau."

Blümel seufzt: „Damit kann ich doch nichts anfangen …"

93 Beschreibe nun die vier Leute auf dem Bild mit Hilfe von passenden **adjektivischen** Attributen.

Zuerst ein __________ Mann, dann ein __________ Mädchen, dann ein __________, schl__________ Mann, zuletzt eine __________ Frau.

94 Hauptkommissar Blümel wird neugierig und will, dass Tommy den Mann, der hinter dem Mädchen steht, noch genauer beschreibt. Ergänze die Lücken mit den **links** angegebenen Arten von Attributen:

adjektivisch: Der Mann trägt eine k__________ Jacke und hat __________, __________ Haare.

mit Präposition: Er hat eine Krawatte mit Q__________, eine Schirmmütze __________.

mit Genitiv: Die Farbe __________ war braun, und die Farbe __________ war beige.

95 Unterstreiche **10** Attribute und ordne sie in die Tabelle ein.

Es ist zum Verzweifeln. Da war Blümel von der Kripo dem Hosenknopf wirklich dicht auf sämtlichen Fersen. Und die Spur des Gauners führte nun mal direkt in den Bahnhof der Stadt. Und somit ist die scharfsinnige Frage berechtigt: Will der flüchtende Hosenknopf sich etwa mit dem Zug nach Hamburg aus dem Staub machen? Die Untersuchung des Zuges ergab nichts. Keine winzige Maus hätte sich vor Blümel verstecken können. Jeremias aus der Unterwelt bleibt verschwunden. Ein Rätsel.

adjektivisches Attribut	Genitiv-Attribut	präpositionales Attribut

Attribute lassen sich von ihrem **Bezugswort** **nicht** trennen, weil sie nur **Teil** eines Satzglieds sind. Sie werden immer **mit** ihrem **Bezugswort** umgestellt:

Jeder / bewundert / **Blümel** **mit der Stirnfalte**.
Blümel **mit der Stirnfalte** / bewundert / jeder.
Bewundert / jeder / **Blümel** **mit der Stirnfalte**?

Attribute kann man **weglassen**, die Sätze bleiben grammatikalisch richtig.

Jeder / bewundert / **Blümel**.

96 ▸ Unterstreiche zuerst in jedem Satz das Attribut zu einem **Nomen**.

▸ Stelle jeden Satz **einmal** um, damit du siehst, wie das **Attribut** stets dieselbe Stellung zum **Bezugswort** beibehält (auf den Block).

Der Gauner unternimmt einen kühnen Fluchtversuch.

Die Spur des Gauners verliert sich in einer Konditorei.

Hosenknopf mit der Spürnase gibt der Polizei Hinweise.

Das **Attribut** fügt einem **Bezugswort** ergänzende Informationen hinzu. Nicht nur Nomen können Bezugswörter sein, manchmal sind es auch **Adjektive**:

Das Polizeiauto fuhr **rasend schnell**.

Das Martinshorn tutete **schrecklich laut**.

Die Verfolgungsjagd war **über die Maßen gefährlich**.

Sie dauerte **zwei Stunden lang**.

Man fragt: Wie **schnell**? → **rasend schnell**; wie **laut**? → **schrecklich laut**

97 Unterstreiche die **5** Attribute zu einem Adjektiv.

Moritz: Diese Ente ist besonders schön.

Blümel: Nein, für mich ist das ein Hase, und zwar ein ausgesprochen netter.

Moritz: Völlig falsch, Herr Kommissar.

Blümel: Du musst zugeben, ich täusche mich selten.

Moritz: Das bestreite ich doch gar nicht. Doch hier handelt es sich um eine typische optische Täuschung

Blümel: Ja, sehr typisch.

98 **Streiche** im folgenden Text die **3 Attribute** zu **Adjektiven** sowie die **3 Attribute** zu **Adverbien** (auch das gibt es) **durch**. Beachte, dass die Sätze trotzdem grammatikalisch richtig bleiben müssen.

Schließlich konnte Blümel mit Hilfe von Tommys halbwegs **genauen** Beschreibungen ein einigermaßen **erkennbares** Computerbild des Gauners anfertigen. Der übereifrige Kommissar wollte schließlich den Täter möglichst **bald** hinter Schloss und Riegel bringen. Eigentlich hätte der längst **urlaubsreife** Blümel spätestens **heute** Ferien machen wollen. Ja, er hatte sich das ganz **anders** vorgestellt.

Zwischentest zum Attribut

99 Unterstreiche im folgenden Text **7** Attribute zu Nomen blau, **4** Attribute zu Adjektiven grün. Kannst du das Rätsel lösen?

Das Problem eines Bauern ist ziemlich groß: Er soll das Schaf des Nachbarn, einen Blumenkohl aus seinem Garten und einen gefangenen Wolf absolut sicher über einen Fluss bringen. Blumenkohl, Schaf und Wolf müssen völlig unbeschädigt das Ufer jenseits erreichen. Leider passt in das Boot immer nur eines der Transportgüter. Während der Anwesenheit des Bauern besteht keine Gefahr für Schaf und Blumenkohl. Ohne Beaufsichtigung würde der Wolf ziemlich schnell das Schaf oder das Schaf den Blumenkohl gefressen haben, je nachdem. Wie kann der Bauer seine Aufgabe lösen?

(Die Lösung des Rätsels findest du im Lösungsteil.)

Präpositionalobjekt, Adverbiale und **Attribut** unterscheiden

▸ Nach dem **Attribut** fragt man mit **was für eine(r)?** bzw. mit **welche(r)?**

Der Rabe **in der Küche** heißt Lukas.
Was für ein (welcher) Rabe heißt Lukas? → der Rabe **in der Küche**

▸ Nach dem **Präpositionalobjekt** fragt man immer **mit** der jeweiligen **Präposition** und einem Fragewort:

Lukas verliebt sich **in Lisa**.
In wen verliebt sich Lukas? → **in Lisa**

Er hofft **auf ihre Zuneigung**.
Worauf hofft Lukas? → **auf ihre Zuneigung**

▸ Die **adverbiale Bestimmung** erfährt man mit Fragewörtern wie **wo?**, **wann?**, **wie?**, **warum?**

Lukas verbringt seine Ferien **in Italien**.
Wo verbringt er seine Ferien? → **in Italien**

100 ▸ Setze die Ausdrücke aus dem Wortspeicher passend in den Text ein.

straffällig – zum Lesen – ~~aufgrund von Untersuchungen~~ – deshalb – junge – einmalig – über ihr Verhalten – mit einer Zeitung

Wir wissen aufgrund von Untersuchungen, dass Jugendliche mehr lesen als ihre Eltern, allerdings nicht alle. In Hessen wurde ________________ ein ________________ Projekt ins Leben gerufen: ________________ Jugendliche werden ________________ verurteilt. Im Gespräch ________________ sagt ein Richter, dass Bücher ________________ Ersttäter dazu bringen sollen, ________________ nachzudenken.

▸ Unterstreiche jetzt Attribute grün, Adverbialbestimmungen schwarz und Präpositionalobjekte lila.

01 Unter den **fettgedruckten** Satzteilen sind **5** Adverbialbestimmungen, **4** Präpositionalobjekte und **5** Attribute. Unterstreiche die Satzteile in den entsprechenden Farben schwarz, lila und grün.

Ehe der Richter einen Betroffenen **zum Lesen** „verurteilt", redet er **mit ihm**. Er macht sich **vom Angeklagten** ein **genaueres** Bild. Kann er **überhaupt** ein Buch lesen und es verstehen? Wer sich nicht **für Bücher** interessiert, ist **deshalb** ungeeignet. **Oft** empfinden **junge** Menschen Lesen als **unangenehme** Strafe. **Nach der Lektüre** müssen die Jugendlichen den Inhalt zusammenfassen. Die Verpflichtung **zum Lesen** entspricht **gemeinnütziger** Arbeit.

02 Schreibe in die Klammern, worum es sich bei den farbigen **Präpositionalgefügen** handelt:

(**A** = Attribut, **AB** = Adverbialbestimmung, **PO** = Präpositionalobjekt.)

Laura und Paul beschäftigen sich gerne mit Büchern (____).

An Sommernachmittagen sitzen sie im Baumschatten (____) und lesen.

Wenn sie lesen, verzichten sie gerne auf das Fernsehen (____).

Eine nette Lektüre vor dem Einschlafen (____) verbessert ihren Schlaf.

Schöne Stellen in Büchern (____) lesen sich Laura und Paul gegenseitig vor.

Oft müssen sie nach dem Vorlesen (____) herzlich lachen.

Die Stunden mit Büchern (____) haben ihnen schon viel Freude gemacht.

Hauptsatz und Satzreihe

Jedem Hauptsatz liegt **ein** Verb zugrunde, von dem alle übrigen Satzglieder abhängen. Dieses Verb in der Personalform steht als **Prädikat** immer an **zweiter** Stelle:

Der Gott Apollo / **schenkte** / dem Sänger Orpheus / ein Saitenspiel.

Mit seinen Klängen / **bezauberte** / Orpheus / Menschen und Tiere.

103 ▸ Schreibe die Verben im Kasten passend als **Prädikate** in die Lücken. Verwende das Präteritum.

dauern – beißen – lieben – sterben – spielen

1. Zärtlich ______________ Orpheus seine Frau Eurydike.
2. Beider Glück ______________ nur kurze Zeit.
3. Einmal ______________ Eurydike mit ihren Freundinnen auf der Wiese.
4. Eine giftige Schlange ______________ die junge Frau.
5. Orpheus' geliebte Eurydike ______________ in den Armen ihrer Gespielinnen.

▸ Unterstreiche jeweils farbig die **übrigen** Satzglieder: Subjekt, Akkusativobjekt, Präpositionalobjekt, adverbiale Bestimmung.

Die **Satzreihe** ist eine Verbindung aus mehreren **Hauptsätzen**. Diese sind **gleichrangig**, d. h., keiner ist dem anderen über- oder untergeordnet. Sie werden durch **Kommas** oder **nebenordnende Konjunktionen** (und, oder, aber, doch, denn) voneinander getrennt:

Orpheus war untröstlich, sein Gesang hallte über Berg und Tal.

Hauptsatz **Komma** **Hauptsatz**

Mit ihm trauerten alle Tiere, doch das brachte die Verlorene nicht zurück.

nebenordnende Konjunktion

04 Verbinde die folgenden **Hauptsätze** sinnvoll mit diesen **6 nebenordnenden Konjunktionen:**

und	aber	denn	und	denn	doch

Orpheus wollte Eurydike wiederhaben ________ er fasste einen kühnen Entschluss. Er stieg hinab ins Reich der ewigen Finsternis, ________ er wollte dort um die Rückgabe der Geliebten bitten. Schaurig umschwebten ihn die Schatten der Toten, ________ er ging seinen Weg bis zum Thron des bleichen Totengottes und seiner strengen Frau. Orpheus ergriff seine Leier ________ herzerweichend sang er dem finsteren Königspaar von seinen unerträglichen Schmerzen. „Ich habe alles versucht, ________ ich kann ohne Eurydike nicht sein. Euch bitte ich um ihr früh verlorenes Leben, ________ ihr allein könnt es mir und ihr noch einmal schenken."

Nebensatz und **Satzgefüge**

Das **Satzgefüge** ist eine Verbindung aus **nicht** gleichrangigen Sätzen, denn es besteht aus **Haupt**- und **Nebensatz** (auch **Gliedsatz** genannt).

Er wollte im Totenreich bleiben, wenn man ihm Eurydike verweigerte.

übergeordneter Hauptsatz — untergeordneter Nebensatz

Satzgefüge

Den **Hauptsatz** erkennt man daran, dass er auch **alleine** stehen kann.

105 Jetzt sollst du **Satzreihen** von einem **Satzgefüge** unterscheiden. Unterstreiche **nur** die Satzgefüge. (Der Merkkasten auf der nächsten Seite kann dir helfen.)

Als Orpheus die Saiten seiner Harfe bewegte, lauschten und weinten die blutlosen Schatten der Unterwelt. Selbst die furchtbaren Rachegöttinnen wurden gerührt und Tränen flossen über ihre Wangen. Weil die sanften Klagetöne auch das düstere Herrscherpaar bewegt hatten, rief es den Schatten Eurydikes. „Du kannst sie mit dir nehmen, sie wird dir zurück ins Leben folgen. Aber du darfst dich nicht nach ihr umdrehen, bis ihr die Unterwelt verlassen habt. Für immer verlierst du sie, wenn du sie nur einmal ansiehst."

Einen **Nebensatz** (Gliedsatz) erkennt man an **vier** Merkmalen:

1. Er beginnt meistens mit einer **unterordnenden** Konjunktion wie z. B. **wenn**, **weil**, **indem**, **als**, **obwohl**, **nachdem**, **falls**:

Orpheus wollte im Totenreich bleiben, **wenn** man ihm Eurydike verweigerte.

2. Das **Prädikat** steht immer am **Ende**:

Orpheus wollte im Totenreich bleiben, wenn man ihm Eurydike **verweigerte**.

3. Er kann **nicht** alleine stehen, weil er **unvollständig** ist:

Wenn man ihm Eurydike verweigerte.

4. Nach dem Nebensatz kann man nur vom **Hauptsatz** aus fragen:

Orpheus wollte bleiben, wenn man ihm Eurydike verweigerte.

Frage vom Hauptsatz aus: **In welchem Fall** wollte Orpheus bleiben?
Antwort: → wenn man ihm Eurydike verweigerte.

06 Setze in die folgenden Satzgefüge passende **Konjunktionen** ein. Unterstreiche nur in den Nebensätzen die Prädikate rot.

Schnell stiegen die beiden den Weg empor, **weil** das Grauen der Nacht sie ängstigte. Plötzlich ergriff Orpheus eine tiefe Sehnsucht, ________ er hielt die furchtbare Stille um sich nicht mehr aus. Er blieb stehen, ________ er wenigstens das Atmen der Geliebten hören konnte. ________ er keinen Laut vernahm, wuchs seine Sehnsucht ins Unermessliche. Angst und Liebe überwältigten ihn ________ er drehte sich nach Eurydike um.

107 Neben jeder Nummer stehen zwei Hauptsätze. Forme den **zweiten** Hauptsatz in einen Nebensatz um, sodass ein **Satzgefüge** entsteht. Verwende der Reihe nach diese Konjunktionen:

~~als~~ – während – da – ehe – obwohl – bis – weil

1. Eurydike sah ihn zärtlich an. Sie schwebte in die finstere Tiefe zurück.

   … als sie in die finstere Tiefe zurückschwebte.

2. Orpheus streckte verzweifelt die Hände aus. Sie entschwand seinen Blicken.

3. Und Eurydike starb zum zweiten Mal. Orpheus hatte das Gebot nicht beachtet.

4. Entsetzt stand er lange da. Er stürzte zurück in die Unterwelt.

5. Der Fährmann setzte Orpheus nicht über. Er bat ihn unter Tränen darum.

6. Sieben Tage und Nächte saß Orpheus am Fluss. Er gab auf.

7. Die Götter gewährten keine Gnade. Sie lassen sich niemals zweimal erweichen.

Relativsatz

1. Der **Relativsatz** wird durch ein **Relativpronomen** eingeleitet, wie z. B. **der, die, das, welcher, welche.**

Orpheus kehrte auf die **Erde** zurück, **die** ihm nichts mehr bedeutete.

2. Der Relativsatz bezieht sich auf **ein** Satzglied des Hauptsatzes, über das er eine **Information** enthält:

Drei Jahre lebte er ohne **Menschen**, **die** ihm nichts mehr bedeuteten.

3. **Vor** dem **Relativpronomen** kann manchmal eine **Präposition** stehen:

Er dachte nur an Eurydike, **für die** allein er alle Lieder sang.

4. Ein Relativsatz ist ein Nebensatz, deshalb steht auch hier das **Prädikat** am **Ende**:

Die Bäume und die Tiere des Waldes, **die** ihm **zuhörten**, liebten ihn.

08 Schreibe die fehlenden Relativpronomen in die Lücken und unterstreiche dann die Relativsätze.

Von den Bergen kamen wilde Frauen, die ein rauschendes Fest feierten. Sie hassten den Sänger, _______ seit Eurydikes Tod keine Frau mehr ansah. „Da ist er, _______ Hochmut uns verachtet." Wütend stürzten sie sich auf ihn, _______ sie schon vorher mit Steinen beworfen hatten. Noch schützten ihn die Tiere, _______ seinem Gesang gelauscht hatten. Doch dann flohen sie vor den Frauen, _______ Wutgeheul seinen Gesang erstickte. Zuletzt traf ein Stein Orpheus' Schläfe, _______ ungeschützt war. Der göttliche Sänger, _______ seine Seele verließ, sank nieder ins Gras.

Nebensätze können im Satzgefüge an **drei** verschiedenen Stellen stehen:

Anfangsstellung:	**Weil** sein Gesang für immer verstummt war, betrauerte die ganze lebendige Natur seinen Tod.
Zwischenstellung:	Die ganze lebendige Natur betrauerte, **weil** sein Gesang für immer verstummt war, seinen Tod.
Endstellung:	Die ganze lebendige Natur betrauerte seinen Tod, **weil** sein Gesang für immer verstummt war.

Beachte, dass **Neben**- und Hauptsatz durch **Kommas** getrennt werden.

109 Unterstreiche **5** Nebensätze, die von Relativpronomen eingeleitet werden, blau sowie **3** Nebensätze, die von Konjunktionen eingeleitet werden, grün.

Sobald die wilden Frauen verschwunden waren, kehrten die Vögel schluchzend zurück. Die Nymphen der Quellen und Bäume hüllten sich in schwarze Gewänder, weil sie Orpheus verloren hatten. Sie begruben seine geschundenen Glieder, die auf der Erde lagen. Das Haupt aber und die Leier übergaben sie dem Fluss, der sie bis ins Meer trug. Ins Rauschen des Wassers mischte sich ein leises Klagen, dem die Ufer wehmütig antworteten. Das Meer brachte das Haupt bis zur Insel Lesbos, deren Bewohner es bestatteten. Als die Leier das Ufer erreicht hatte, hängten sie sie im Tempel auf. Und die Nachtigallen, die das Grab des Sängers ehren wollen, singen seitdem auf dieser Insel lieblicher als auf anderen.

10 Stelle in jedem Satzgefüge den **Nebensatz** zweimal um (Block).
Achte auf die Kommas.

1. Sobald sie Orpheus verlassen hatte, schwebte seine Seele hinab ins Schattenreich.
2. Dort fand Orpheus die Geliebte, nachdem er sie zweimal verloren hatte, für immer wieder.

Adverbialsatz

Adverbialsätze erläutern näher, was im Hauptsatz mitgeteilt worden ist. Sie heißen auch Konjunktionalsätze, weil sie von Konjunktionen eingeleitet werden. Hier sind die wichtigsten **Arten**:

1. **Temporal**satz (Zeit):

Wir beobachteten die Sonne, **während** sie unterging.
→ während, nachdem, sooft, solange, seit

2. **Kausal**satz (Grund):

Sterne sind zauberhaft, **weil** sie so funkeln und blitzen.
→ weil, da

3. **Modal**satz (Art und Weise):

Lea beruhigte sich, **indem** sie die Sterne betrachtete.
→ indem, wie, als ob, ohne dass, statt dass

4. **Final**satz (Zweck):

Max bestieg den Berg, **damit** er den Mondaufgang sah.
→ damit, dass

5. **Konditional**satz (Bedingung):

Man sieht die Sterne, **wenn** der Himmel wolkenlos ist.
→ wenn, falls, soweit

Nun sollst du eine Geschichte kennenlernen, die sich vor 300 Jahren in dem kleinen Städtchen Plön in Holstein ereignet hat. Zu dieser Zeit lebte dort ein Afrikaner mit schwarzer Hautfarbe, der als Sklave nach Europa kam. Über sein Leben wirst du bei den folgenden Aufgaben mehr erfahren.

111 Unterstreiche die Konjunktionalsätze. Ordne nur ihre Nummern richtig in die folgende Tabelle ein.

1. Ein Afrikaner gelangte als Sklave nach Europa, nachdem er aus Zentralafrika verschleppt worden war.
2. Der Oberst Bertram Rantzau zu Ascheberg kaufte ihn, als er im Brandenburgischen unterwegs war.
3. Damit aus ihm ein rechter Christ wurde, ließ der Oberst ihn in Kiel auf den Namen Christian Gottlieb taufen.
4. Ein kluger Mensch konnte er nur werden, sofern er besten Unterricht erhielt.
5. Dies erreichte Bertram Rantzau, indem er den Jungen auf die Schulbank setzte.
6. Sobald Christian seine Ausbildung abgeschlossen hatte, ernannte der Oberst ihn zu seinem Feldtrompeter.
7. Er schätzte Christian sehr, da dieser ihm in seinen Schlachten immer treu zur Seite stand.

Temporalsatz (T)	Kausalsatz (K)	Modalsatz (M)	Finalsatz (F)	Konditionalsatz (Ko)
1,				

12 Verbinde Haupt- und Adverbialsätze mit passenden Konjunktionen aus dem Wortspeicher. Hinter jeder Lücke steht, um welche Art von Adverbialsatz es sich jeweils handelt.

als – ~~damit~~ – weil – wenn – während – damit – indem – wo – nachdem

(F = Finalsatz, K = Kausalsatz, T = Temporalsatz, Ko = Konditionalsatz, M = Modalsatz)

An einem eisigen Januartag ritten der Oberst und Christian nach Plön, damit (F) die Pferde in Bewegung kamen. ___________ (K) sie froren, nahmen sie die Abkürzung über den eisbedeckten See. ________ (T) sie das andere Ufer erreicht hatten, sahen sie eine schreiende Menschengruppe. An einer eisfreien Stelle kämpfte ein junger Mann um sein Leben, ______________ (T) die Umstehenden hilflos zusehen mussten. Christian konnte dem Ertrinkenden nur helfen, _____________ (Ko) er selbst in das eiskalte Wasser sprang. Den bereits Untergetauchten zog er, _______________ (M) er ihn am Kopf packte, an die Wasseroberfläche. Er schwamm an den Rand des Eises, _________ (F) andere den Mann sowie ihn selbst herausziehen konnten. __________ (T) die Rettung geglückt war, jubelten alle vor Freude. Den Geretteten (zufällig der Sohn des Bürgermeisters) brachte man nach Hause, _______ er dank ärztlicher Hilfe das eiskalte Bad überlebte.

▶ Die Art des letzten Nebensatzes kennst du noch nicht.
Welchen Umstand gibt er an? ________________________

113 ▸ Jeweils zwei Kärtchen passen zusammen. Male sie mit gleicher Farbe aus und schreibe die so entstandenen Satzgefüge auf den Block.

Ein kleines Wunder war	Der Bürgermeister bat Christian zu einem Festessen	da es für ihn eine große Ehre bedeutete.	
Der Afrikaner kam gerne	verliebte Christian sich augenblicklich in sie.	um ihm für die Rettung zu danken.	das Gertrud hieß.
Der Bürgermeister hatte ein Töchterchen	Weil sie hübsch aussah	dass auch Gertrud Christian mochte.	

▸ Unterstreiche die Prädikate in den Hauptsätzen rot, in den Nebensätzen schwarz. Setze sämtliche Satzzeichen.

Zwischentest zu Satzreihe und Satzgefüge

114 Unterstreiche die Nebensätze. Ordne **nur** die Satznummern richtig in die Tabelle auf der nächsten Seite ein.

1. Damit er Gertrud begegnen konnte, kam Christian öfter nach Plön.
2. Wenn sich ihre Blicke trafen, errötete das Mädchen.
3. Als die Mutter das bemerkte, nahm sie ihrer Tochter jede Hoffnung.
4. Ihre Liebe sei aussichtslos, denn Christian bleibe ein schwarzer Mann.
5. Das einst fröhliche Mädchen wurde immer stiller[,] und schließlich wurde es vor Traurigkeit krank.
6. Die Mutter liebte ihr Kind, sie gab nach, sie segnete den Bund.

7. Eine Magd, die hinter der Tür gelauscht hatte, erzählte alles den Nachbarn.

8. Bald wusste die halbe Stadt, was im Haus des Bürgermeisters vorging.

Satzreihe:	Satzgefüge:

15 Schreibe in die Lücken passende unterordnende bzw. nebenordnende **Konjunktionen**. Schreibe in die Klammern, ob es sich um Satzreihen oder Satzgefüge handelt. Gib bei den **Nebensätzen** an, um welche **Art** es sich handelt.

1. Die Lage spitzte sich zu, nachdem der Bruder des Bürgermeisters und dessen Neffe Joachim davon erfahren hatten.
(Satzgefüge mit Temporalsatz)

2. Eines Tages stürmte Joachim in das Haus des Bürgermeisters, ______ er beschimpfte das Mädchen als „Mohrenteufel".
(______________________________)

3. Er zog seinen Degen, __________ die Mutter trat mutig dazwischen.
(______________________________)

4. Joachim hatte keinen Erfolg, ________ sich der Herzog Hans Adolf für die Liebenden einsetzte.
(______________________________)

5. Und Bertram Rantzau war ein „moderner" Mann, _______ Christian aus der Leibeigenschaft entließ.
(______________________________)

6. Er vermachte ihm ein Säckchen mit 500 Talern und eine Mühle, __________ der Weg zur Hochzeit frei wurde.
(______________________________)

Stichwortverzeichnis